FOR2

FOR pleasure　FOR life

FOR2 26

告別玻璃心的十三件事

心智強者，不做這些事　強者養成的終極指南

13 Things Mentally Strong People Don't Do

作者：Amy Morin（艾美．莫林）
譯者：洪慧芳
責任編輯：冼懿穎（初版）；江灝（二版）
封面設計：林育鋒
美術編輯：Beatniks
校對：呂佳真

法律顧問：董安丹律師、顧慕堯律師
出版者：英屬蓋曼群島商網路與書股份有限公司台灣分公司
發行：大塊文化出版股份有限公司
台北市 10550 南京東路四段 25 號 11 樓
www.locuspublishing.com
TEL：(02)8712-3898　FAX：(02)8712-3897
讀者服務專線：0800-006689
郵撥帳號：18955675　戶名：大塊文化出版股份有限公司

總經銷：大和書報圖書股份有限公司
地址：新北市 24890 新莊區五工五路 2 號
TEL：(02)8990-2588　FAX：(02)2290-1658
製版印刷：中原造像股份有限公司

初版一刷：2015 年 11 月
二版一刷：2021 年 6 月
定價：新台幣 300 元
ISBN： 978-986-98990-6-2

國家圖書館出版品預行編目 (CIP) 資料

告別玻璃心的十三件事:心智強者，不做這些事.強者養成的終極指南/ 艾美.莫林（Amy Morin）著；洪慧芳譯. -- - 二版. -- 臺北市：網路與書出版：大塊文化發行, 2021.06
296 面；14.8 * 20 公分. --（For2 ; 26）
譯　自 : 13 things mentally strong people don't do : take back your power, embrace change, face your fears, and train your brain for happiness and success
ISBN 978-986-98990-6-2（平裝）

1. 自我實現　2. 習慣

177.2　　110006371

告別玻璃心的十三件事

心智強者，不做這些事
強者養成的終極指南

艾美．莫林 著
洪慧芳 譯

13 Things Mentally Strong People Don't Do

Amy Morin

13 THINGS MENTALLY STRONG PEOPLE DON'T DO

前言 p8

什麼是心智強度？ p16

1 不浪費時間自憐自艾 p23

自憐自艾讓人老是覺得「我受到虧欠」，感恩則讓人覺得「我得到的比應得的還多」。

2 不放棄主導權 p43

你懷抱著憤怒和怨恨，反而讓對方更有辦法干擾你的生活品質。選擇寬恕可以拿回你對身心健康的主導權。

Check.
你有這個壞習慣嗎？

Why.
為什麼會形成這個壞習慣？

Problem.
這個壞習慣會造成什麼問題？

Practice.
如何避免這個壞習慣？

Strength.
扔掉這個壞習慣如何使你更堅強？

Dos & Don'ts.
解惑及常見陷阱

p63

3 不怕改變

你覺得很難，並不表示你不該做。人生中有些最棒的事情，往往是我們卯足心力克服挑戰得來的。

p85

4 不在意無法掌控的事情

找出恐懼後，接著找出你能掌控的事物。切記，有時候你唯一能掌控的是你的行為和心態。

p105

5 不會想要處處迎合他人

無論你的價值觀是什麼，只要你一心想要迎合他人，就不會再照著那些價值觀行事。你很快就忘了做什麼才正確，只想取悅他人。迎合他人雖然討喜，但不見得就是正確的選擇。

p127

6 不怕審慎冒險

如果我們只冒自己最放心的風險，很可能會錯過一些絕佳的良機。一生平凡和一生非凡之間，往往差別就在於是否審慎冒險。

p149

7 不沉湎於過往

拒絕沉浸在過去，不是叫你假裝往事從未發生過。事實上，那往往是指接納過去，這樣你才能活在當下。接納過去以後，你就能釋出心力，根據你想變成的樣子、而不是過去的樣子來規劃未來。

謹獻給努力讓今天的自己更勝於昨天的人

前言　十三不做

我二十三歲時，母親因腦動脈瘤突然過世，她向來身體健康，工作勤奮，活力十足，熱愛生命直到臨終的最後一刻。事實上，她過世的前一晚，我們還一起去體育館觀看高中籃球聯賽。那晚，她一如既往地談笑，享受人生，但之後不到二十四小時，就突然撒手人寰。母親的驟逝對我是一大打擊，我實在無法想像下半輩子再也聽不到她的意見、笑聲及關愛是什麼樣子。

當時，我在社區的心理健康中心擔任治療師，不得不請假幾週療傷止痛。我知道，除非我能好好處理內心的感受，否則即使回到職場上，我也幫不了別人。習慣喪母的人生是一道過程，並不容易，但我努力讓自己重新振作起來。治療師的受訓過程讓我明白，時間無法療癒一切。我們面對療癒過程的方式，決定了療癒的速度。我知道悲傷是療傷止痛的必要程序，所以我讓自己去難過、去憤慨、去充分接納母親驟逝時所感到的缺憾。我之所以難過，不只是因為我想念她，也因為我痛苦地意識到，以後她再也無法參與我的人生大事；而她期待的一切種種，諸如退休和含飴弄孫，也永遠無法實現了。後來在親友及信仰的支持下，我找回了內心的平靜，隨著時間流轉，我逐漸記得母親面帶微笑的模樣，不再痛徹心扉。

幾年後，母親三週年忌日快到時，我先生林璽（Lincoln）和我討論那個週末怎樣緬懷她最好。週六晚上朋友已經邀請我們去看籃球比賽，巧的是，該場比賽就是在我們見到母親最後一面的那個體育館舉行。林璽和我談到，回去三年前我們見她之後、隔天就幽明異路的地方，會是什麼樣子。

我們後來覺得那是頌揚她一生的美好方式，畢竟，我對當晚留下的回憶還是甜美的，我們一起歡笑，聊了各種話題，整晚過得相當充實美好。我母親甚至預言我姐姐會和當時的男友結婚，幾年後，那預言確實成真了。

所以，林璽和我回到了那個體育館，當晚我們和朋友都很開心。我們知道，要是我母親還在世的話，她也會希望那樣過。能自在地回到那個地方，感覺很不錯。就在我覺得我已經走出喪母之痛而鬆一口氣時，沒想到我的人生再次起了波瀾，天翻地覆。

當晚看完球賽返家後，林璽說他背痛很不舒服。幾年前他出車禍時，撞斷了幾根椎骨，所以背痛不是什麼罕見的毛病。但幾分鐘後，他昏倒了。我馬上叫救護車，醫護人員幾分鐘內就趕到，把他送到醫院。我打電話給林墾的母親，並和他的家人在急診室會合，我完全不知道他出了什麼狀況。

在急診室的等候區待了幾分鐘後，醫生把我們召進一間診療室。他尚未開口，我已經知道他要說什麼，林墾因心臟病發過世了。

就在我們緬懷母親過世三週年的同一個週末，我突然成了寡婦。這實在是令人費解，林墾才二十六歲，毫無心臟病史，怎麼會突然說走就走呢？我為了母親驟逝還在調適自己，現在又得適應失去林墾的人生，我實在無法想像該怎麼撐過這一切。

面對配偶的死亡，是一場超乎現實的體驗。在我全然不知所措、無法決定任何事情時，我卻必須做出許多選擇。幾個小時內，從喪禮的安排到訃告的措辭，我都得馬上處理。我沒有時間去理解整個現實狀況，事情排山倒海而來，令人難以招架。

我很幸運在過程中還有許多親友的支持。悲傷是一個人獨自面對的過程，但有親友的關愛確實是一大恩賜。有些時候感覺似乎稍微好過一些，有些時候感覺一切可能會變得更糟。每次我覺得自己稍微好一點後，總是在下一刻又發現哀痛鋪天蓋地而來。悲傷是一種令人身心俱疲的流程。

此外，有太多的事情令人悲不可抑。我為夫家感到難過，我知道他們是如此深愛著林璺。我為林璺感到難過，他從此沒有機會體驗一切事物。我也為自己感到難過，我們再也無法一起從事各種活動，更何況，我真的很想他。

我盡可能請假，抽離職場，那幾個月在我的印象中是一片模糊，因為我每天都躲在自己的世界裡。但我無法一輩子都遠離職場，家裡只剩我一份收入，我不得不回去上班。休息兩個月後，主管打電話來，問我銷假上班的計畫。他們告訴我的患者，我因家裡出了緊急狀況而無限期休假，不確定何時能再回到工作崗位。他們並未告知確切的休假期限，因為大家都不知道接下來會如何發展，但現在他們想要我給個答覆。我確實還沒有走出悲痛，也沒有「好轉」，但我需要回去上班。

就像當初母親驟逝一樣，我需要給自己一些時間面對悲傷，無法對悲傷視而不見，或硬是把它推開。我需要體會那個痛苦，同時積極療癒自己，不能就此陷入負面的情緒，永遠走不出來。雖然自憐自艾或沉湎於回憶很容易，但我知道那樣做並不健康。我不得不認真做出抉擇，踏上重塑新生的漫漫長路。

我必須決定林璺和我一起設定的目標，是否仍是我的個人目標。我們認養孩子幾年了，本來打算最後領養一個孩子。但現在恢復單身後，我還想領養孩子嗎？後續幾年，我仍繼續當寄養家長，主要是提供緊急協助和臨時安置，但我不確定少了林璺以後，我是否還想領養孩子。

既然我現在成了孤家寡人，就必須為自己設立新的目標。我決定冒險嘗試新的事物，於是去考了機車駕照，還買了一台機車。我也開始寫作，一開始純粹只是興趣，但後來變成兼職的工作。我也必須和周遭的圈子重新建立新的關係，例如瞭解林堃的哪些朋友仍適合納入自己的社交圈；少了林堃以後，我如何繼續和他的家人相處。幸好，他有很多好友仍願意和我維繫友誼，他的家人也持續把我當成家人看待。

約莫四年後，我很幸運再次遇到愛情。或者，更確切地說，是愛情找上了我。那時我大抵上已經習慣了單身生活，不過當我和史蒂夫（Steve）開始交往後，一切都變了。其實我們相識多年，是從友情漸漸轉變成愛情。後來我們開始論及婚嫁，雖然我從未想過再婚，但是史蒂夫看來是個可以託付終身的對象。

我不想要正式的婚禮或宴客，不希望重複過去我和林堃經歷過的儀式。我知道賓客會為我再婚而感到開心，但我也知道他們難免會想起林堃而遺憾不已。我不希望大喜的日子成了陰鬱的場合，所以史蒂夫和我決定舉辦非傳統的婚禮。我們臨時起意，直奔拉斯維加斯完婚。我們都開心極了，整個過程洋溢著愛情與幸福。

婚後約一年，我們決定出售林堃和我住的那間房子，搬到幾個小時車程外的地方。那裡離我姐姐和外甥女比較近，也讓我們有重新開始的機會。我在一家繁忙的醫療機構找到工作，我們都期待一起歡度未來。就在人生看似順遂之際，這條幸福之路又突然出現急轉彎，史蒂夫的父親檢驗出罹患癌症。

起初，醫生預期，治療可以幫他抑制癌細胞幾年，但是幾個月後，顯然只剩不到一年的生命。他試了幾種不同的療法，但沒有一項奏效。隨著治療時間的延長，醫生對於病情毫無起色也日益不解。如此延續約七個月後，醫生已束手無策。

那消息令我震驚，羅伯（Rob）向來活力充沛，常在孩童面前表演魔術，講一些我聽過最爆笑的笑話。他住在明尼蘇達州，我們住在緬因州，但我們常去看他。自從退休後，他可以一次來造訪我們數週，我總是笑稱他是我最喜歡留宿的客人，因為基本上他是我們唯一的房客。

他也是最熱情支持我寫作的人，不管我寫的是有關教養或心理方面的文章，他都會閱讀。他常打電話來，給我一些故事的靈感和建議。

當時羅伯七十二歲，但那個年紀進入癌末階段，還是感覺太早。去年夏天，他還騎著摩托車橫越美國，揚帆橫渡蘇必略湖，開著敞篷車在鄉野間馳騁。而今他卻已經病入膏肓，醫生都很清楚，接下來的病情只會每下愈況。

這次面對親人的死亡，我有了不同的體驗。我母親和林塈的過世都是完全出乎意料，令人措手不及。但這次，我先收到了警訊，知道未來會發生的狀況，而這也讓我充滿了恐懼。

我心想：**又來了**。我真的不想再經歷那樣痛苦的生離死別，那感覺就是不對。我認識很多同齡的人都沒遇過失去至親的狀況，為什麼我得一而再、再而三地經歷這樣的痛苦？我坐在桌邊，思考這一切有多麼不公平，這一次會有多難受，以及我多麼希望情況有所不同。

我也知道，不能讓自己再次陷入同樣的狀況。畢竟，我以前遇過，我知道我會再振作起來。要是我讓自己陷入怨天尤人的深淵，覺得我比別人不幸，或是讓自己相信我無法再次承受失去親人的痛苦，那對我毫無助益，只會阻礙我因應現實。

就是在那個時候，我開始提筆寫下「心智堅強者不做的十三件事」（13 Things Mentally Strong People Don't Do）。那些都是我走出悲傷時，費盡心力想要戒除或迴避的壞習慣。我要是放任它們主宰我，它們就會阻礙我變得更好。

那些技巧正好也是我擔任心理治療師時，傳授給求診患者的心法。但是我需要把那幾點寫下來，才能幫我把人生導向正軌。那份清單提醒了我，心智堅強與否，操之在我。在那個當下，我迫切需要堅強，因為我寫下那份清單幾週後，羅伯就過世了。

心理治療師的職責，主要是幫助他人培養內心的堅強，並提供行動對策以及改善自我的心法。但我寫下那份清單時，我決定稍微偏離一下我習以為常的說法。當我把焦點放在「不做什麼」時，也出現了截然不同的結果。好習慣確實很重要，但阻礙我們充分發揮潛力的，往往是壞習慣。你可能養成了一切好習慣，但只要壞習慣不戒除，放任它繼續為非作歹，你就很難達成目標。你可以這樣想：壞習慣是你個人成就的上限，壞習慣愈少，你的成就愈無可限量。

壞習慣就像你每天拖著到處走的重物，只會減緩你的速度，使你精疲力竭，阻撓你的去路。儘管你有天賦，也不忘勤奮努力，但是某些想法、行為和感覺羈絆著你時，就難以充分發揮潛力。

試想，一個人天天上健身房，每次運動近兩個小時，並仔細記下運動的內容以追蹤進步狀況。六個月下來，卻沒發現多大的改變。體重不減，肌肉未增，令他相當失望。他告訴親友，他實在不明白為什麼沒有看起來更好、感覺更好，畢竟他幾乎天天都按表操課了。但他沒提到的是，他每天從健身房回家的路上，都會大快朵頤一番。做完運動後，他總是飢腸轆轆，於是告訴自己：「我盡力了，值得犒賞自己一下。」所以，日復一日，他在回家的路上都吃了一打甜甜圈。

聽起來很可笑，對吧？但我們都是這類行為的慣犯。我們努力去做讓我們更好的事情，卻忘了戒除可能破壞成果的壞習慣。

避免那十三項惡習，不止可以幫你走出悲痛，更能培養內心的堅韌，以因應人生大大小小的難關。無論你的目標是什麼，當你心智堅強時，更能充分發揮潛力。

什麼是心智強度？

心智強度不是只分堅強或怯弱兩種，每個人都有某種程度的心智強度，但每個人的強度永遠都有進步的空間。培養心智強度，是指在各種情況下，改善你調節情緒、管理思慮、正面行動的能力。

就像有人先天比較容易鍛鍊出體力一樣，有些人先天的心智也比較堅強。有幾個因素決定了培養堅強心智的難易度。

- **基因**：基因決定你的心理健康是否容易出問題，例如情緒失調。
- **個性**：有些人的個性讓他們先天的思考比較踏實，行動比較積極。
- **經歷**：你的人生經歷會影響你對自己、他人、外界的看法。

顯然，有些因素是你無法改變的。你無法消除童年不愉快的回憶，你無法改變先天容易罹患過動症的基因，但那不表示你就無法提升心智強度。只要把時間和心力投入本書收錄的心法，任何人都能提升心智強度。

心智強度的基礎

試想，某人有社交恐懼症，為了減少焦慮，他避免主動和同事交談。他愈是不和同事交談，同事們也愈少主動找他聊天。每次他進入茶水間，或是在走道上和人擦肩而過都沒人答理時，他心想：**我肯定是不善交際**。他愈覺得自己不善此道，就愈不敢主動攀談。隨著焦慮增加，他更想迴避同事，於是形成了惡性循環。

想瞭解心智強度，你需要知道你的思維、行為和感覺是如何交互作用的，它們往往會一起運作，造成上述那種危險的惡性循環。這是培養心智強度需要三管齊下的原因：

1. **思維**：找出不理性的想法，以更務實的想法取而代之。
2. **行為**：無論情況如何都要積極面對。

3. 情緒：掌控情緒，以免情緒主宰你。

常有人主張：「正面思考！」然而，光是心態樂觀，並不足以讓你充分發揮潛力。

在平心靜氣與理性思考下決定行為

我很怕蛇，但那個恐懼完全是不理性的。我住在緬因州，戶外沒半條毒蛇，我也不常看到蛇。但是只要我看到蛇，就會嚇得半死，想拔腿就跑。在我跑開之前，我通常會以理性思考安撫無謂的驚慌，提醒自己沒有理由那麼害怕。當我恢復理智時，就能用走的離開，和蛇保持安全距離。我依舊不想觸碰牠，但我可以撇開不理智的干擾，若無其事地路過牠。

當情緒和理性思考達到平衡時，就能做出人生最佳的抉擇。想想你氣急敗壞時的行徑，很可能你說了或做了後來讓你後悔莫及的事，因為你全憑一時的情緒行動，而不是根據邏輯。不過，光憑理性思維也無法做出好的決定。畢竟，我們是人，不是機器，內心和大腦需要一起運作，掌控我們的言行。

很多求診的患者質疑，他們怎麼可能有掌控思維、情緒、行為的能力。他們說：「我

心智強度的真相

關於什麼是「心智堅強」，坊間有很多誤傳和誤解，以下是一些心智強度的真相：

心智堅強不是表現強勢。心智堅強不需要像機器人那樣或展現強硬的風格，而是行為堅守個人的價值觀。

心智堅強不需要忽略情緒。提升心智強度不需要壓抑情緒，而是更敏銳地察覺個人情緒。心智堅強是指你很清楚情緒如何影響思維和行為。

心智堅強不需要把身體當成機器看待。心智堅強不是為了證明你能忽略痛苦而去挑戰體力極限。心智堅強是指你對思維和感受有足夠的瞭解，可以判斷何時該順著想法和感受走，何時該反其道而行。

心智堅強不表示你必須完全靠自己。你不必宣稱你從來都不需要任何人或任何信仰的協助。坦承你並非無所不知，必要時尋求協助，承認你可以從信仰中獲得力量，都是希望自己變得更堅強的跡象。

心智堅強不是正面思考。過度正面的思考，可能跟過度負面的思考一樣有害。心智堅強是務實的理性思考。

培養心智強度不是為了追求幸福。心智堅強可以讓你更知足常樂，但不是要你每天醒來就逼迫自己感到幸福快樂。它是為了幫你做出充分發揮潛力的決定。

心智堅強不只是最新流行的心理趨勢而已。就像健美瘦身界充滿流行的膳食減肥法及健身風潮一樣，心理界也有一些風行一時的概念，教人如何變得更好。心智堅強不是趨勢，心理界從一九六〇年代開始，就教大家如何改變思維、感受和行為了。

心智強度和心理健康不是同義詞。醫療保健業常談論「心理健康」與「心理疾病」，但是那和「心智強度」是不同的概念。有些人即使罹患糖尿病之類的疾病，身體依舊強健。同理，你即使患有憂鬱、焦慮或其他心理上的疾病，心智可能依舊堅強。罹患心理方面的疾病，並不表示你就注定積習難改，你還是可以選擇養成好習慣。那可能需要下更大的工夫、更專注、更用心，但那是有可能辦到的。

就是忍不住那種感覺」，或「腦中的負面想法總是揮之不去」，或「我就是提不起勁去做我想完成的事」。但是只要提升心智強度，那些都是有可能辦到的。

心智堅強的效益

日子順遂時，往往容易覺得心智堅強，但人生偶爾還是會掀起一些波瀾。失業、天災、家人生病、失去至親等等，有時無可避免。當你心智堅強時，更有心力因應人生的挑戰。提升心智強度的效益包括：

- **抗壓性強**：心智堅強對日常生活也有助益，不只在危機當下有效而已。你可以更有效率地處理問題，降低整體承受的壓力。
- **改善生活滿意度**：隨著心智強度的提升，信心也會跟著大增。你會根據個人的價值觀行動，感覺更加安心。你也會體認到人生中什麼才是真正重要的。
- **績效提升**：無論你的目標是當個更稱職的家長，提高工作的生產力，或是在運動場上達到更好的佳績，提升心智強度都可以幫你充分發揮潛力。

如何培養心智強度

只讀一本書，並無法成為任何領域的專家。運動員不是讀完相關的運動書籍就變成高手，頂尖的音樂家光看其他人演奏，也無法提升自己的演奏能力，他們往往需要不斷地練習。

後面十三章並不是拿來檢討自己有沒有做到的檢查表，而是描述每個人偶爾都可能染上的壞習慣。那十三章的用意是要幫你找出因應人生挑戰的更好方法，以避開那些陷阱。讓你持續成長，精益求精，變得比昨日更好一些。

1

不浪費時間自憐自艾

自憐是破壞力最強的非藥性毒品，容易上癮，給人一時的快感，進而脫離現實。

——約翰．加德納（John Gardner，美國作家）

傑克發生意外事故後的幾週，他的母親不斷談論那次「可怕事件」，停不下來。她每天都得描述校車撞倒傑克，害他雙腿骨折的經過。對於自己無法保護孩子，她感到非常內疚。看著孩子坐在輪椅上數週，她心如刀割，幾乎難以承受。

儘管醫生預估傑克會痊癒，她卻一再提醒傑克，他的腿可能永遠好不了了。她希望孩子知道，他可能再也無法踢足球或像其他孩子那樣奔跑了，目的是想讓孩子有個心理準備。

醫生檢查後，已經確定傑克可以返校上學，但傑克的雙親決定，還是讓傑克的媽媽辭職在家，以家中自學的方式幫傑克完成那個學年的學習。他們認為每天看到與聽到校車，可能引發太多不好的回憶，也想藉此避免下課時只能坐在輪椅上，看著同學出去玩樂的遺憾。他們希望在家靜養可以幫傑克的身心更快療癒。

傑克通常在上午完成家中自學的課程，下午和晚上則是在看電視、玩電動玩具。如此過了幾週，他的父母發現他的心情似乎變了。原本活潑快樂的孩子，變得暴躁悲觀。傑克的父母擔心，意外事故對他造成的創傷超過他們的想像。他們帶傑克去找治療師，希望能幫他療癒情緒上的創傷。

那位治療師是專門療癒童年創痛的名師，是傑克的小兒科醫生推介的，所以治療師事前已經稍微知道傑克的遭遇。

傑克坐著輪椅由母親推進治療室時，默默地盯著地面。他的母親劈頭就說：「自從發生那場可怕的事故後，我們都過得很煎熬。那起事故毀了我們的生活，也害傑克產生很多情緒問題，他已經不是以前那個小男孩了。」

令他母親意外的是，治療師並不是回以同情，而是熱切地說：「嘿！傑克！我一直很期待見到你。我沒見過打敗校車的孩子耶！你一定要告訴我，你是怎麼跟校車搏鬥，而且還贏了？」傑克一聽，在事故之後首次綻露出笑容。

後續幾週，傑克和治療師一起做了一本書，他為那本書取了一個貼切的書名：《如何打敗校車》。他在書裡編了一個精彩的故事，描述他如何打敗校車，險渡難關，全身上下只有幾處骨折。

他在故事裡添加了一些細節，描述他如何抓住消音器，轉過身，以免校車撞上身體的主要部位。儘管細節誇張，但故事的主幹未變——他安渡難關，因為他是勇敢堅強的孩子。傑克以自畫像為整本書作結，他畫出自己披著超級英雄的斗篷坐在輪椅上的樣子。

治療師把傑克的父母也一起納入輔導，她幫他們看清傑克活了下來，只有幾處骨折，何其幸運。她也勸家長不要再為傑克的狀態感到遺憾，建議他們把他視為身心堅強、克服極大逆境的孩子。即使他的腿無法痊癒，她也希望家長把焦點放在傑克仍能完成的事情上，而不是那起事故阻礙他做什麼。

治療師和傑克的父母，連同學校的教職員，一起安排傑克返校復學。除了特殊的住宿需求外（他仍坐輪椅），他們希望確保其他學生和老師都不要以憐憫的態度看待傑克。他們安排傑克和同學分享他創作的書，讓他告訴同學，他是如何擊敗校車的，沒有理由為他難過。

怨嘆派對

我們都經歷過人生的苦痛與哀傷，難過是一種正常、健康的情緒。不過，沉浸在哀傷與不幸中，卻有自毀之虞，你是否有以下的情況？

- □ 你覺得你遇到的問題比別人嚴重。
- □ 即使不是運氣不好，你也覺得自己和好運絕緣。
- □ 你覺得你遇到的問題比別人多。
- □ 你很確定別人都不懂你的日子有多苦。
- □ 你有時刻意不參加休閒或社交活動，只為了待在家裡思考你的問題。
- □ 你比較可能告訴別人，你遇到什麼麻煩，而不是順遂的事。
- □ 你常抱怨不公平。
- □ 有時你抓破頭都找不到值得感恩的事。
- □ 你覺得別人的人生比較愜意。
- □ 你有時懷疑整個世界都在跟你作對。

你是否發現自己有以上的一些狀況？自憐自艾不僅消耗心神，最後更可能改變你的想法和行為。你其實可以拿回主控權，即使外在環境無法改變，你還是可以改變心態。

爲什麼我們會自憐

既然自憐有害，為什麼我們還那樣做？為什麼有時我們那麼容易陷入自怨自艾，甚至覺得怨嘆還頗能自我安慰？憐憫是傑克父母的防禦機制，目的是為了避免兒子和他們自己以後遭遇更多的傷害。他們把焦點放在他再也無法從事的事情上，以免他面對可能遇到的問題。

可想而知，他們比以前更擔心傑克的安危，不希望他離開視線，也擔心他看到校車時的情緒反應。這種對傑克的過度憐憫，遲早會導致傑克開始自憐自艾。

自憐自艾是很容易掉入的陷阱。只要你開始為自己難過，就會延緩面對恐懼的時間，閃避個人的行為責任，那是一種拖延戰術。誇大自己的狀況有多慘，讓你有充分的理由不採取行動加以改善或前進。

很多人常以自憐自艾的方式博取關注，這種「討拍」的伎倆可能獲得他人和善的安慰

（至少一開始有效）。對害怕遭到拒絕的人來說，裝慘討拍可能是尋求協助的間接方法。

可惜的是，同病相憐的人喜歡聚在一起取暖，有時自憐自艾變成了比慘大會，彷彿誰把自己的創痛講得最慘，誰就贏了。自憐自艾也可能變成逃避責任的理由。你告訴老闆，你的日子有多苦，可能是希望老闆別對你要求太多。

有時自憐自艾會變成一種反抗的行為，彷彿我們只要態度堅定，死不退讓，說服外界我們理當獲得更好的待遇，外界就會改變似的。但世界不是那樣運作的，不會有任何人或更大的力量因為你的反抗，就前來搭救，以確定你受到公平的對待。

自憐自艾的問題所在

自憐自艾，百害無益，不僅會衍生新的問題，還會產生嚴重的後果。傑克的父母沒慶幸傑克大難不死，而是擔心那起意外事故奪走了什麼，結果反而讓那個事故奪走了更多的東西。

這不表示他們不關愛孩子，那些行為都是源自於他們想要保護孩子的安全。但是，他們愈是憐憫傑克，反而讓他的心情更加負面。

沉溺於自怨自艾，會以下面的方式阻礙我們過充實的生活：

● **那是在浪費時間**。自怨自艾很傷心神，對現況的改變也毫無助益。即使你無法解決問題，你還是可以選擇正面因應人生的阻礙，怨嘆並無法幫你解決問題。

● **引發更多負面情緒**。一旦陷入自憐自艾，就會引發更多負面情緒，令人憤怒、怨恨、孤寂，以及其他讓人更加消極的感受。

● **可能弄假成真**。自怨自艾久了，日子可能愈過愈悲傷。當你覺得自己很可憐時，你不太可能盡力而為，於是你遇到的問題和挫敗也愈來愈多，更加深了自我憐憫的感覺。

● **阻止你因應其他情緒**。自憐自艾會阻止你因應悲傷、憤怒等情緒，阻礙你療癒與前進的進度，因為你老是在想本來事情應該怎樣，而不是接納木已成舟。

● **使你忽略生命中的美好**。如果一天裡面發生五件好事，一件壞事，自憐自艾會讓你只注意到負面的事。當你覺得自己很可憐時，也錯過了生活中的美好事物。

● **有礙人際關係**。受害的心態並不討喜，抱怨的日子久了，很容易惹人厭煩，沒有人會說：「我喜歡她，是因為她老是覺得自己很可憐。」

停止自怨自艾

還記得前面提過，培養心智堅強需要三管齊下嗎？為了減少自憐的感受，你需要戒除可憐的行為，阻止自己陷入哀嘆的情緒。對傑克來說，那表示他不該一直待在家裡看電視和玩電動玩具，他需要跟同齡的孩子相處，恢復一些他還能參與的活動，例如上學。他的父母也改變了想法，開始把傑克視為大難不死的生還者，而不是受害者。一旦改變了看待兒子和意外事故的方式，就能以感恩的心態取代自憐的心態。

展現出讓你難以自憐自艾的行為

林鑾過世四個月後，他的家人和我面臨了他二十七歲的冥誕。我擔心面對那天已經好幾週了，因為我不知道我們要怎麼度過那天。我想像著我們圍成一圈，互相傳遞面紙盒，談到他無法過二十七歲的生日有多麼不公平。

當我鼓起勇氣問我婆婆，她打算怎麼過那天時，她馬上回應：「你覺得我們去跳傘好不好？」更棒的是，她不是隨口說說，而是認真的。我得承認，從飛機一躍而下的感覺，比我想像的哀嘆派對好多了。對熱愛冒險的林鑾來說，那感覺也很適合紀念他。他向來喜歡結識新朋友，走訪沒去過的地方，體驗新事物。週末臨時起意去旅行，對他來說很稀鬆平常，即便他可能必須搭深夜班機返家，凌晨才回到家裡，回家以後又要馬上去上班，但他還是樂此不疲。他說過，為了那些我們共創的美好回憶，疲累上班一天絕對值得。高空跳傘是林璺會想做的事，以這種方式幫他慶生似乎很貼切。

當你從飛機一躍而下時，不太可能自憐自艾（除非你沒有降落傘）。那天我們不僅玩得很盡興，也從此開啟了每年慶祝的傳統。每年林璺冥誕那天，我們選擇頌揚他對生命及冒險的熱愛，那促成了一些有趣的體驗。例如，和鯊魚共游、騎騾子進入大峽谷，我們甚至去上了類似馬戲團空中飛人的課程。

每年，他們全家都參與林璺的冥誕冒險。有幾年，林璺的祖母帶著相機在一旁觀看，但兩年前她八十八歲的時候，她是我們之中第一個滑高空飛索而下的人。即使我後來再婚了，我們仍繼續維持那個傳統，我先生史蒂夫甚至也加入我們的冒險行列。那天成了我們每年都很期待的日子。

我們選擇在那天做愉快的事情，並不表示我們忘了或掩飾悲傷，而是我們有心想要頌揚生命的禮讚，不願表現出可憐的樣子。我們不為失去親人感到自憐，而是選擇以感恩的心態，看待我們擁有的一切。

當你發現自己開始出現自憐的跡象時，應該刻意去做跟感覺相反的事。你未必要從飛機一躍而下，才能掃除自憐的感覺。有時候小小的行為改變，就能創造出截然不同的效果。以下是一些例子：

- **為值得的理念當志工**。那會讓你暫時忘卻煩憂，你也會因為幫助別人而感覺良好。當你在食物救濟站幫助飢寒的人，或是去養老院陪伴老人時，很難陷入自憐自艾。
- **行善**。無論是幫鄰居修剪草坪，或是捐贈寵物糧食給動物收容所，做善事可以讓你的生活感覺更有意義。
- **參與活動**。身體或心理方面的活動可以幫你轉移注意力，避免你老是想著自己的不幸。你可以去運動、報名課程、讀一本書或是培養新嗜好，行為改變有助於心態改變。

改變感受的關鍵，在於找出哪種行為可以消除自憐的感受。有時那是一種試誤的過程，因為同樣的行為改變不見得人人適用。如果你現在採取的方式無效，就換個方式。如果你不試著往正確的方向跨出，永遠只能待在原地。

更換容易讓人自憐的想法

我曾在超市的停車場目睹一場小擦撞，兩台車同時倒車，車尾的保險桿相撞，兩台車都留下輕微的擦傷。

我看到一位駕駛下車說：「怎麼那麼衰，為什麼我老是碰到這種事？我今天遇到的鳥事還不夠多嗎！」

在此同時，另一位駕駛也搖著頭下車了，他平靜地說：「哇，我們真幸運，沒有人受傷。車子意外擦撞，雙方都安然無恙，多好的一天！」

兩人遇到一樣的事件，但是對事情的觀感截然不同。一人覺得自己是可怕事故的受害者，另一人覺得自己運氣很好，兩種反應完全是因為看法分歧。

你可以用許多不同的方法看待生活中遇到的事件。如果你選擇以「我受到虧欠」的心態來看事情，你會常常感到自憐。如果你選擇在逆境中尋找曙光，你會更知足常樂。

幾乎任何情況都帶有一線希望。你問任何孩子，父母離異的最大好處是什麼，他們大都會說：「聖誕節可以收到更多禮物！」顯然，離婚沒有多少好處，但是有些小孩覺得獲得雙倍禮物是很棒的小事。

轉念不見得容易，當你覺得你就是怨嘆派對的主角時更不容易。自問以下的問題，可以幫你把負面想法轉變成比較務實的想法：

● **換成別的觀點，怎麼看待我的情況**？這就是「杯子半空或杯子半滿」的思考差異。如果你本來抱著半空的觀點，暫時停下來想想半滿的觀點是怎麼看同樣的情況。

● **要是摯愛的人遇上同樣的問題，我會給予什麼建議**？相較於鼓勵自己，我們往往更擅長鼓勵他人。你不太可能對別人說：「你的人生真的很慘，沒半件事稱心如意的。」通常你會講一些加油打氣的話，例如：「你會想通該怎麼做，也會撐過這個難關，我相信你行的。」把這類睿智的建言套用在你自己的情況上。

● **有什麼證據可以證明我會撐過這關**？自憐自艾往往是因為你對自己解決問題的能力缺乏信心。我們容易覺得自己永遠也過不了難關。你可以提醒自己，過去曾有解決問題及因應悲劇的經歷。回顧你的技巧、互助系統、過往經驗可以提升信心，使你不再為自己難過。

你愈是放任自己把情況想得很糟，感覺就會愈糟。導致自憐自艾的常見想法包括：

我的問題夠多了，無法再多處理一個。
好事總是輪不到我。
壞事總有我的份。
我的人生就只是每下愈況。
別人都不需要面對這種衰事。
我毫無喘息的機會。

在負面思考轉趨失控前，你可以選擇好好處理它。以務實的想法取代負面想法，確實需要下工夫好好練習才能學會。但是只要多加練習，就可以有效削減自憐自艾的感覺。

如果你覺得**壞事總有我的份**，就把發生在你身上的好事列出來。接著，以比較實際的想法取代原始想法，例如：**有些壞事發生在我身上，但很多好事也降臨在我身上**。這不表示你應該把負面想法轉換成不切實際的正面肯定，而是想辦法以務實的方式看待你的情況。

以感恩取代自憐

瑪拉．朗寧恩（Marla Runyan）是個多才多藝的女人，她有碩士學位，寫過書，參加過奧運比賽。她還是美國第一位以兩小時二十七分的驚人速度，完成二〇〇二年紐約馬拉松的女性。更令朗寧恩超凡特出的是，她是以法定盲（legally blind）的身分完成以上的壯舉。

九歲時，朗寧恩診斷出羅患斯特格氏症（Stargardt's disease），那是影響孩童的一種黃斑部病變。在視力持續惡化的過程中，朗寧恩發現了對跑步的熱愛。多年來，她證明自己是全球數一數二的飛毛腿，即使她從來都看不見終點線。

最初，朗寧恩先是在殘障奧運會上大放異彩。她參加了一九九二年和一九九六年的比賽，不僅贏得五面金牌和一面銀牌，還創下好幾項世界紀錄，但朗寧恩並未就此滿足。一九九九年，她參加泛美運動會（Pan American Games），在一千五百米的比賽中奪冠。二〇〇〇年，她成為第一位以法定盲身分參加奧運會的運動員，是美國隊裡第一位衝過一千五百米終點線的選手，在整場比賽中排名第八。

朗寧恩不把失明視為殘疾。事實上，她還把失明當成一種恩賜，讓她得以在長跑和短跑中都大放異彩。她在《沒有終點線》（*No Finish Line: My Life as I See It*）一書裡寫道：「失明不僅迫使我證明自己的能力，也鞭策我達成目標。它帶給我一些恩賜，例如每天都會用到的意念和執著。」朗寧恩不在意失明使她失去什麼，而是感念失明帶給她什麼。

自憐自艾讓人老是覺得**我受到虧欠**，感恩則讓人覺得**我得到的比應得的還多**。感恩的心態需要特別下工夫才感受得到，但不是那麼難。任何人都能培養新習慣，學習變得更感恩。

肯定他人的善意與大方，肯定世界上的美好事物，你就會開始對自己擁有的一切感念不已。

你不需要富有、極其成功或擁有完美的人生，就能產生感恩的心態。年薪三萬四千美元的人可能覺得他不太有錢，但是從全世界來看，他已經屬於最富有的百分之一。如果你正在翻閱此書，那表示你比全球近十億的文盲還要幸運，他們之中有很多人注定一輩子貧困。

注意生活中容易讓你覺得理所當然的小東西，想辦法提升心中的感念。以下是一些簡單的習慣，可以幫你專注於該感恩的事物：

- **寫感恩日誌**。每天至少寫下一項你感恩的事，你可以為簡單的樂趣感恩，例如有清新的空氣可以呼吸，看見陽光普照，或是工作或家人讓你感到何其幸福。

● **說出感恩的事**。如果你不可能持之以恆地寫日誌，那就養成把感恩說出來的習慣。每天早上剛醒來及晚上就寢以前，找出生活中值得感恩的事情，把它說出來，即使只是對自己說也一樣，因為聽到感恩的話會讓人更加感恩。

● **感到自憐時就轉念**。發現自己開始自憐自艾時，就轉移注意力。別讓自己持續覺得人生不公平或人生應該不一樣。坐下來，列出生活中值得感謝的人物、環境和生活體驗。如果你有寫日誌的習慣，當你開始感到自憐時，就把日誌拿出來讀。

● **詢問別人感恩的事情是什麼**。主動找人聊聊感恩的事情，可以發現別人感恩什麼。聆聽他人感恩的事，可以提醒自己人生還有很多事情值得感恩。

● **教導孩子心存感念**。如果你是家長，教導孩子對擁有的事物心存感念，是隨時幫你自己檢視心態的最好方法。養成每天都問孩子感恩什麼的習慣，請家裡的每個人都寫下感恩的事情，放進感恩罐中或貼在布告欄上。那可以提醒家人把感恩納入日常生活中。

停止自憐使你更堅強

傑若邁．丹頓（Jeremiah Denton）在越戰期間擔任海軍飛行員。一九六五年，他的座機遭到擊落，被迫緊急彈跳逃生，後來遭到北越捕獲，淪為戰俘。

丹頓指揮官及其他軍官即使天天遭到痛毆、挨餓和折磨，仍持續統領其他囚犯。丹頓常因為指使其他囚犯反抗北越逼取情資，而遭到單獨監禁，但北越那樣做並無法阻止丹頓的行動。他設計一些計策和其他的囚犯溝通，例如使用標記、拍牆、連咳幾聲等等。

他淪為戰俘十個月後，被選中參加北越用於宣傳的電視訪問。回答問題時，他假裝攝影機的亮光太刺眼，使他不斷地眨眼睛，藉此以摩斯密碼眨出T-O-R-T-U-R-E（虐待），偷偷表達他和其他囚犯遭到北越的凌虐。在整個訪問的過程中，他持續表達對美國政府的支持。

遭到囚禁七年後，一九七三年他獲得釋放。當他以自由之身走下飛機時，他說：「我們很榮幸有機會在艱難的困境中報效國家。能有這麼一天，我們深深感念總司令及這個國家，天佑美國！」一九七七年從軍方退役後，他獲選為阿拉巴馬州的參議員。

儘管身處難以想像的悲慘環境中，丹頓並未浪費時間自憐自艾，他始終冷靜沉著，想辦法掌控局勢。即使在獲釋後，他也感念有機會報效國家，而不是哀嘆失去的時光。

研究人員探索過「老是煩惱負擔」和「專注於感恩」的人有何差異。光是肯定你每天感恩的事情，就足以產生改變。事實上，感恩不僅有益心理健康，也有益身體健康。二〇〇三年刊登於《個性與社會心理學期刊》（*Journal of Personality and Social Psychology*）的研究發現：

● **心存感念的人比較不常生病**。他們的免疫系統較好，較少出現病痛，血壓較低，比一般人更常運動，比較注重健康，睡眠較久，醒來時精神較好。

● **感恩比較容易產生正面情緒**。常懷感恩心的人覺得每天比較幸福快樂，甚至覺得頭腦更清醒，更有活力。

● **感恩可改善社交生活**。感恩的人比較願意原諒他人，舉止較為外向，比較不覺得孤單或孤立。他們較有可能幫助他人，展現大方氣度和同情心。

解惑及常見陷阱

面對壓力時，要是放任自己沉浸在自憐中，只會延緩尋找解決方案的進度。注意你放任自己陷入自憐的危險信號，一看到信號出現，就積極改變態度。

實用技巧

務實檢討，以免誇大現況有多糟。
以務實的想法取代過於負面的想法。
積極解決問題，改善情況。
即使興致索然，仍要想辦法動起來，從事比較不會讓你陷入自憐的活動。
每天練習感恩。

當心陷阱

相信你的人生比別人慘。
沉浸於過度負面的想法，老是覺得日子苦不堪言。
消極面對現況，只在乎自己的感受，而不思考怎麼改變。
拒絕參與能幫你提振心情的體驗和活動。
只計較你沒有什麼，而不是你擁有什麼。

2/13 不放棄主導權

我們憎恨敵人時，等於是讓他們主導了我們。
我們的睡眠、食慾、血壓、健康、快樂都落入了他們的掌控。

——卡內基（Dale Carnegie，美國人際關係學大師）

蘿倫覺得婆婆不僅霸道，又愛插手管事，即使婆婆不會毀了她的一生，也會毀了她的婚姻。以前她覺得婆婆賈姬很煩，後來她和先生育有兩女後，更覺得婆婆變本加厲，令人髮指。

賈姬每週都會突然登門造訪好幾次，從不事先告知，而且每次一來就是好幾個小時。蘿倫覺得這些造訪打擾他們家人相處的時間，因為她下班到孩子就寢以前，能陪孩子的時間很有限。

不過，真正令蘿倫困擾的是，賈姬老是想要破壞她在女兒心中的權威。賈姬常對小孩子說：「看一點電視又不會怎樣，我不懂妳媽為何老是說妳們不能看。」或「我想讓妳們吃甜點，但妳媽覺得糖對身體不好。」她有時會叨念蘿倫的「新時代育兒觀」，還說她以前讓孩子看電視，吃甜食，每個孩子還不是長得好好的。

蘿倫總是禮貌地微笑點頭回應賈姬的意見，但心裡氣得要命。她愈來愈討厭賈姬，常把氣出在老公身上。但每次蘿倫向先生抱怨婆婆時，他總是說：「妳也知道我媽的個性就是那樣。」或「她的話聽聽就算了，她也是一番好意。」蘿倫覺得跟女性朋友紓解怨氣比較舒坦，她們幫賈姬取了一個暱稱：怪獸婆婆。

但就在某個星期，整個局勢似乎來到了一觸即發的引爆點。賈姬建議蘿倫多運動，因為她看起來胖了。蘿倫一聽就氣炸了，隨即衝出家門，到姐姐家過夜。隔天，她還是不想回去，擔心一回去就聽到賈姬教訓她不該那樣負氣離家。這時蘿倫才發現她需要協助，不然婚姻可能岌岌可危。

蘿倫最初尋求心理輔導時，是去學習憤怒管理的技巧，以免她動不動就為婆婆的言語動怒。不過，經過幾次心理諮詢後，她發現她需要更積極地預防問題，而不止是消極回應賈姬的言詞。

我請蘿倫畫一個圓餅圖，說明她分別花多少時間和心力在工作、睡眠、休閒、家庭，以及與婆婆相處上。接著，我請她畫第二個圓餅圖，顯示她實際花幾個鐘頭投入每個活動。她畫完第二個圖時，很驚訝地發現她投入的時間和心力不成比例。她每週和婆婆相處五個小時，卻至少多花五個小時思考與談論她對婆婆的不滿。這個練習幫她看出她讓婆婆主宰了生活中的許多領域。她明明可以把精力用來培養夫妻關係或親子關係，卻經常想著她有多討厭賈姬。

蘿倫發現自己拱手讓出太多主導權給賈姬後，便著手改變現況。她和先生一起為家人設立合理的界限，訂出一些規則以減少賈姬對家人的影響。他們告訴賈姬，以後不能再臨時登門造訪。他們希望她來時，就會邀她來共進晚餐。他們也告訴賈姬，不能再破壞蘿倫在孩子心中的權威。要是她又破壞蘿倫的權威，他們會請她離開。蘿倫也不再抱怨賈姬了，她發現跟朋友和先生抱怨，只會讓自己覺得更加無奈，也是浪費時間和精力。

慢慢地，蘿倫發現她又重新掌控自己的生活和居家。當她不必在家中容忍無禮或傲慢的行為時，她也不再害怕賈姬來訪了，從此她可以掌控自己家裡的狀況。

把主導權拱手讓人

當你讓別人掌控你的想法、感覺和行為時，就不可能心智堅強。你覺得以下幾點很眼熟嗎？

□無論是誰給的批評或負面意見，你都覺得受到冒犯。
□別人可以把你氣到說出事後後悔的話，或做出後悔莫及的事。
□別人說你該怎麼做，你就改變了人生目標。
□別人的言行影響你一天的心情。
□別人想利用愧疚感逼你做事時，即使你百般不願意，還是會勉強去做。
□你努力讓別人對你留下正面的印象，因為你的自我價值大都是取決於別人怎麼看待你。
□你花很多時間抱怨你討厭的人和狀況。
□你常抱怨生活中「不得不」做的事情。
□你會竭盡所能避免尷尬或悲傷之類的不安情緒。
□你難以回絕別人的請求，事後又怨恨別人佔用你的時間和精力。

□別人得罪或傷害你時，你就懷恨在心。

你有上述任何情況嗎？握有主導權，是指你不管周邊有誰或身處在什麼情況，你都對自己以及你的選擇充滿信心。

我們爲何會放棄主導權

蘿倫真的想當個好媳婦，她認為好媳婦的定義是：無論如何都要包容婆婆。她覺得要求婆婆不要擅自來訪是大逆不道，當她覺得內心很受傷時也不敢直言，從小的教育教她要逆來順受。不過，在心理諮詢的協助下，她瞭解到設定合理的界限並不是刻薄或無禮，反而對家人比較健康，對她的心理也不會造成那麼大的負擔。

你不為自己設立合理的情緒和實體界限，就有可能把主導權拱手讓人。鄰居來尋求協助時，也許你不好意思回絕。又或者，你很怕某位經常抱怨的朋友打電話來，但每次電話一響，你還是去接聽。每次你不敢回絕真的不想做的事情，都是在放棄主導權。如果你不想辦法滿足自己的需求，等於是允許別人對你予取予求。

情緒上不設合理的界限也一樣麻煩。你既然不喜歡別人對待你的方式，卻又不為自己挺身而出，等於拱手讓人主導你的生活。

放棄主導權的問題所在

蘿倫讓婆婆主導了她晚上的心情。只要賈姬一出現，蘿倫就因為無法享受親子時光而生氣。賈姬不出現時，蘿倫覺得輕鬆許多。她讓賈姬的行為干擾了親子關係和婚姻和諧。閒暇時，她不是和先生或朋友聊愉快的話題，而是浪費精力抱怨賈姬。她甚至還會自願加班，因為她知道賈姬又來訪了，她不太想回家。她把主導權讓給賈姬愈久，就會覺得自己愈無力解決問題。

放棄主導權會產生很多問題：

● **你讓別人左右你的感受**。你放棄主導權時，會完全根據別人和外在環境來調整情緒。於是生活變得像雲霄飛車，日子順遂時，你心情愉悅；但一旦情況生變，你的想法、感覺、行為都會跟著轉換。

- **你讓別人界定你的自我價值**。你讓別人決定自我價值時，永遠都會覺得自己不夠好，頂多只跟別人對你的評價一樣。如果你要靠別人的稱讚才能肯定自己，你得到的讚美或正面意見永遠都無法滿足你的需求。
- **你迴避處理真正的問題**。放棄主導權使人陷入無奈，你不再想辦法改變狀況，而是忙著為問題找藉口。
- **你變成環境下的犧牲者**。你在自己的人生中從主角退居為配角。你會說別人讓你的日子很難過，或逼你做你不喜歡的事。你會責怪別人，而不是為自己的選擇負責。
- **你對批評變得很敏感**。你將會失去評估批評的能力，對任何人說的話都耿耿於懷，把別人的話看得太重。
- **你會忘了目標**。你讓別人掌控目標後，就無法打造你想要的生活。你讓人阻礙及干涉你的進度時，就難以達成目標。
- **你會毀了人際關係**。別人傷害你的感受時，你默不作聲，或是放任別人擾亂你的生活，你可能會愈來愈怨恨對方。

拿回主導權

對自己沒信心，你的自我價值可能全看別人對你的觀感而定。你擔心，萬一得罪人怎麼辦？萬一別人不再喜歡你怎麼辦？你決定設下合理界限時，可能會遇到一些反彈。但只要你有夠強的自我意識，你會學習忍受那樣的反彈。

蘿倫學到她可以對婆婆堅持立場，但依舊表現恭敬。她很怕直接槓上婆婆，她和先生一起向婆婆解釋他們的考量。起初，他們告訴賈姬不能天天來訪時，賈姬很不高興。他們告訴賈姬不能再批評蘿倫教養孩子的方式時，賈姬也想抗議。但時間久了，賈姬逐漸明白，只要她還想造訪他們家，就必須遵守規矩。

找出拿走你主導權的人

史蒂芬．麥唐諾（Steven McDonald）是拒絕放棄主導權的驚人實例。一九八六年，他在紐約市當警察，攔下幾位青少年，詢問他們最近發生的單車竊案。其中一位十五歲的少年突然掏槍射擊，擊中麥唐諾的頭部和頸部，導致他頸部以下癱瘓。

他奇蹟似地活下來了，花了十八個月的時間在醫院裡休養，學習如何在四肢癱瘓下生活。事故發生時，他才結婚八個月，新婚妻子懷孕六個月。

麥唐諾和妻子都決定，不再繼續想著那個少年奪走了什麼，而是選擇原諒他。事實上，他受傷幾年後，那位攻擊者從獄中致電向他道歉。麥唐諾不僅接受了道歉，還說他希望將來能跟他一起巡迴美國，分享他們的故事，以避免其他暴力事件發生。不過，麥唐諾始終沒有機會完成那個心願，因為那位年輕人出獄三天後就在車禍中喪生了。

所以，麥唐諾獨自出發，到美國各地傳播和平和寬恕的理念。他在《為何寬恕？》（*Why Forgive?*）一書裡寫道：「唯一比脊椎挨子彈更糟的事，是懷恨在心。」那次攻擊導致他失去行動的能力，但他並未讓那起暴力事件或攻擊者毀了人生。他現在是各界爭相邀請的演講者，四處傳授愛、尊重與寬容。麥唐諾是個鼓舞人心的例子，儘管他是一場愚蠢暴行的受害者，但他決定不浪費時間讓攻擊者主導他的人生。

選擇原諒傷害你情感或身體的人，並不表示你認同他們的行為。但是讓怒氣消散，會讓你更有心力專注在有價值的事物上。

如果你大半輩子都覺得自己是環境的受害者，你需要下很大的工夫才會發現，你有權力挑選自己的人生方向。第一步是培養自覺，找出你何時把個人的想法、感受和行為，怪罪到外部環境和他人身上。仔細看看那些你花時間和精力關注的人，你真的想把心力花在他們身上嗎？如果不是，你就是奉送他們太多主導權了。

每次你和同事怨嘆老闆多不公平時，都讓老闆獲得更多的主導權。每次你對朋友說婆婆多愛插手管事時，都讓婆婆對你握有更大的掌控力。如果你不想讓那些人成為你人生中的主角，就要堅定意志，別再把時間和精力花在他們身上。

改變用語

有時候保留主導權是指改變你看事情的方式。以下用語顯示你正在放棄主導權：

- 「老闆**快要把我**氣死。」你可能不喜歡老闆的行為，但他真的**想要**惹毛你嗎？也許你無法苟同老闆的行為，那可能影響了你的感覺，但他不是刻意要惹毛你。
- 「男友跟我分手，因為我**不夠好**。」你是真的不夠好，還是那只是某人的看法？你去找一百個人做民調，不太可能都得到一樣的看法。一個人覺得怎樣，並不表示那就是真的。別讓一個人對你的看法決定你的優劣。
- 「我媽**讓我覺得**我真的很糟，因為她老是挑剔我。」你已經成年了，有必要一再聆聽你母親對你的嚴苛評論嗎？只因為她說了不中聽的話，你就得降低自尊嗎？
- 「每週日晚上，我都**必須**邀公婆到家裡用餐。」公婆真的逼你那樣做嗎？還是因為你覺得那對家人很重要，你自己選擇那樣做的？

三思而後行

瑞秋帶十六歲的女兒來找我做心理治療，因為女兒不肯聽她的話。不管她叫女兒做什麼，女兒都不肯做。我問瑞秋，女兒不願服從指示時，她有何反應。她告訴我，她氣得大吼大叫，接著母女就吵了起來。每次她女兒說：「不要！」瑞秋就吼道：「給我做！」瑞秋並未意識到，她的反應給了女兒很多主導權。她跟女兒多吵一分鐘，女兒就延後清理房間一分鐘。每次她氣到發飆，就失去一些主導權。結果瑞秋不但沒有掌控女兒的行為，反而讓女兒左右了她的情緒。

有人說了你不想聽的話，你大吼大叫或開始爭論，反而賦予那些話更多力量。在回應他人的言行以前，先思考你想怎麼做。每次你沉不住氣，負氣回應時，就是把主導權讓給對方。當你有股衝動想要負面回應時，以下的技巧可以幫你維持冷靜：

- **深呼吸**。挫折和憤怒會引發身體內部的反應——呼吸急促、心跳加速、冒汗等等。慢慢地深呼吸可以放鬆肌肉，減少生理反應，如此一來也可以減少情緒反應。

- **抽離情境**。你的情緒愈多，思考會變得愈不理性。學習辨識你的憤怒跡象，例如發抖或身體脹紅。在你失去理智之前，先抽離情境，你可以說：「我現在不太想談那件事。」或是離開現場。
- **轉移注意力**。當你過於情緒化時，別想要找人解決問題或處理事情。你應該先以其他活動轉移注意力，幫你冷靜下來，例如散步或閱讀。把心思移開煩人的事情，即使只是幾分鐘，也可以幫你冷靜下來，更理性地思考。

審慎評估意見反饋

在瑪丹娜（Madonna）發行暢銷破千萬片的專輯以前，她才剛收到千禧唱片（Millennium Records）的總裁寫來的回絕信，信中寫道：「這份作品唯一缺乏的就是實才。」要是瑪丹娜讓那封信界定了她的歌唱和作曲能力，她可能就此放棄了。幸好，她持續在音樂圈裡尋找機會。收到那封回絕信不久，她就談成一筆唱片合約，展開了職業生涯。二十年內，瑪丹娜在金氏世界紀錄中，寫下有史以來最暢銷女歌手的紀錄。她也創下無數的其他紀錄，例如女歌手全球巡迴演唱會的票房冠軍，在告示牌排行榜史上頂尖歌手的百大榜單中排名第二，僅次於披頭四。

幾乎每位成功人士都碰過類似的回絕故事。一九五六年，安迪．沃荷（Andy Warhol）想把自己的畫作送進現代藝術博物館（Museum of Modern Art）展覽，但是即使他免費致贈，對方就是不肯收。時間快轉到一九八九年，沃荷的畫作已變成眾人爭相目睹的作品，他自己開了一家博物館。安迪沃荷博物館是美國專為單一藝術家開設的博物館中，規模最大的。顯然，每個人都有自有的觀點，但成功人士不會讓單一觀點來界定他們。

想要保留主導權，就要評估別人給你的意見反饋，判斷那些意見是否屬實。批評有時候可以讓我們知道他人對我們的觀感，讓我們改進自己，例如朋友指出我們的惡習，配偶幫你看清你的自私行徑等等。但有時候，批評反映出批評者的樣子。憤怒者常會妄下嚴苛的批評，可能只是為了紓解壓力。自尊低落的人貶抑他人時，也許自我感覺更好。所以決定如何回應批評以前，你應該先好好思考批評來自何處。

收到他人的批評或意見時，先停一下再反應。如果你很不滿或情緒激動，先花點時間冷靜下來。接著自問以下的問題：

- **有什麼證據可以證明此話屬實？**例如，如果老闆說你懶散，你可以找一下自己工作沒那麼認真的證據。

● **我有什麼證據可以證明此話不實？**找出你投入很多心力，非常勤奮的過往紀錄。

● **為什麼這個人會給我這樣的意見？**靜下來找出對方給你負評的原因。對方是因為取樣時剛好看到什麼缺陷而做此評論嗎？例如，老闆只看到你某天工作的狀況，那天你剛好感冒，她可能覺得你的生產力不高，而她的推論並不精確。

● **我想要改變任何行為嗎？**有時候你可能認同他人的批評，想要改變自己的行為。例如，老闆說你懶散，也許你也覺得自己未盡全力。所以你決定開始提早上班，延後下班，因為你覺得自己應該更優秀。不過，切記，別讓老闆逼你改變，改變應該出於自願，而非被迫。

請牢記，一個人的意見不見得代表真實的你。你可以選擇尊重他人的異議，不需要認同，繼續走自己的路，不必浪費時間和精力改變對方的看法。

辨識你的選擇

人生中鮮少事情是你**非做不可**的，但我們往往以為自己別無選擇。不要說「我明天**必須上班**」，提醒自己那只是一個選項。你選擇不去上班的話，會有後果，也許是領不到薪水，或是工作可能不保，但那畢竟是你自己的選擇。

光是提醒自己，你從事、思考、感覺的任何事情都有所選擇，那就是一種相當自在的感覺。如果你大半輩子都覺得自己是環境的受害者，你很難發現自己有能力創造想要的生活。

拿回主導權使你更堅強

放棄主導權並無法讓你獲選為全球最有權勢的人，只要問問歐普拉（Oprah Winfrey）就能證實這點。她出身貧困，幼時遭到數次性侵，不斷在母親、父親、祖母之間輾轉生活。青少年時期，她常逃家，十四歲時懷孕，嬰兒出生不久就夭折了。

高中時期，她開始在地方的廣播電台打工，陸續做了幾份媒體工作，最後當上電視新聞的主播，但後來又遭到革職。

不過，別人覺得她不適合走這一行，並未阻止她繼續發展。後來她開了自己的談話節目，三十二歲時那個節目已經紅遍全美，四十一歲時據報導她的身價超過三．四億美元。歐普拉還創辦了自己的雜誌、廣播節目、電視網，與人合著五本書，甚至贏得了奧斯卡獎。她創立許多慈善機構，幫助貧困者，其中包括南非的女孩領導學院。

歐普拉並未讓童年或前雇主奪走主導權。她曾因家境貧窮，穿著馬鈴薯的麻袋所做成的洋裝而遭到訕笑，但後來CNN和《時代》都把她評選為全球最有影響力的女性。統計上來說，她的出生背景看來前途堪慮，但歐普拉不願讓自己的人生成為統計數據。她拒絕放棄主導權，選擇由自己界定人生。

當你認定沒有人能掌控你的感受時，就會體驗到操之在我的力量。以下是保留主導權可幫你變得更堅強的方式：

- 你做選擇時，如果是考慮怎樣做對你最好，而不是怎樣做能避免最多的反彈，你會更瞭解自己。
- 你為自己的行為負責時，對目標的進度會更盡責。
- 你不會因為別人利用愧疚感對你施壓，或是想要投其所好，就勉強答應去做你不想做的事。
- 你可以把時間和精力投注在你選擇的事物上。不必再怪別人浪費你的時間或毀了你的心情。
- 保留自主權可以降低陷入憂鬱、焦慮或其他心理疾病的風險。許多心理問題都和絕望及無助感有關。當你決定不讓別人或外在環境掌控你的感覺和行為時，你也掌控了自己的心理健康。

當你懷恨在心時，那種憤怒與仇恨感對對方的人生毫無衝擊。你懷抱著憤怒和怨恨，反而讓對方更有辦法干擾你的生活品質。選擇寬恕可以拿回你對身心健康的主導權。研究顯示，寬恕的健康效益包括：

- **寬恕能減輕你的壓力**。多年來，許多研究顯示，懷恨在心會讓身體處於壓力狀態。當你練習寬恕時，血壓和心跳速度都能降低。
- **提升耐痛的程度**。二〇〇五年，一項研究探索一群腰痛的慢性病患者。結果發現，憤怒會增加心理困擾，降低耐痛的程度，寬恕的意願則可改善耐痛的程度。
- **無條件的寬恕可延年益壽**。二〇一二年發表於《行為醫學期刊》（*Journal of Behavioral Medicine*）的研究發現，只願意在特定條件下（例如對方道歉或承諾絕不再犯）原諒他人的人，提早過世的風險反而比較高。你無法控制別人要不要道歉，等候對方道歉才給予原諒，不僅讓對方掌控了你的生活，甚至還掌控了你的生死。

解惑及常見陷阱

追蹤你的個人權力，找出你自願放棄主導權的情況。那需要投入很多工夫，但是提升心智強度需要你保留每一分主導權。

實用技巧

言談中顯示你是有選擇的，例如說：「我決定……」。
在你和他人之間設定健康的情緒界限及實體界限。
積極選擇你回應他人的方式。
對你自己選擇運用時間和精力的方式負起全責。
無論對方是否有意賠罪，都寬恕對方。
不要直接跳到結論，而是願意檢視意見和批評。

當心陷阱

言談中暗示你是受害者，例如說：「我**不得不**這樣做」或「老闆簡直要**把我**氣死」。

放任別人侵犯你的主導權，悶不吭聲，只會生悶氣或懷恨在心。

衝動地反擊，之後又把自己的處理不當怪罪到對方頭上。

做你不想做的事，卻又怪別人「逼」你做。

滿腹牢騷，生悶氣，懷恨在心。

讓別人的意見和批評左右了你對自己的感覺。

3 不怕改變

/13

意志力不是有些人有，有些人沒有……而是有些人願意改變，有些人不願意。

——詹姆斯．戈登（James Gordon，美國心理學家）

理查來找我做心理治療，因為他的身體狀況始終沒有多大的起色。四十四歲時，他超重三十四公斤，最近診斷出罹患糖尿病。

診斷出來不久，他就去找營養師，學習如何改變膳食才能減重及控制血糖。一開始，他把平日常吃的垃圾食品從飲食中完全排除，甚至把家裡的冰淇淋、餅乾、含糖飲料都扔了。但兩天內，他又買了更多的甜食，恢復元來的壞習慣。

他也知道，想要更健康，需要增加活動量。畢竟，他不是運動菜鳥。高中時，他曾是足球場和籃球場上的運動健將，但如今他多數時間都坐在電腦前，工作時間很長，沒什麼時間運動。他加入健身房的會員，卻只去過兩次。下班返家後往往筋疲力盡，他覺得連陪伴妻小的時間都不夠了。

理查告訴我，他真的想變得更健康。他知道超重的風險以及放任糖尿病不管的後果，但他就是提不起勁來戒除惡習。

顯然，他一次想改變的事情太多了，那注定會失敗。我建議他一次只改變一件事，他說他已經戒掉下午吃餅乾的習慣。找個替代那個習慣的東西很重要，所以他決定改吃胡蘿蔔條當零食。

我也建議他找一些支持者來幫他改變習慣，他答應我去參加糖尿病互助小組。

後續幾週，我們討論他把家人一起拉入計畫的作法。他的妻子陪他來做過幾次治療，她開始瞭解到她可以用什麼方法幫理查改善健康。她答應去超市購物時，不要買太多垃圾食品；也開始和理查一起找出比較健康的食譜。

此外，我們也討論出比較務實的運動時間表。理查說，他幾乎每天出門上班時，都打算下班後去健身房報到，但下了班總是說服自己算了吧，直接返家。我們決定他一開始每週上健身房三天，而且事先排定好那三天的時間。他也寫了一張清單放在車子裡，上面列出上健身房的好處。每次他想直接回家、不想去健身房時，就看一遍那份清單，提醒自己為什麼上健身房是最佳選擇。

在接下來的兩個月，理查的體重開始下滑，但血糖還是很高。他坦承晚上看電視時，還是吃了很多垃圾食物。我建議他把甜點放在不容易取得的地方，所以他決定把甜食放在地下室。這樣一來，晚上他晃進廚房時，比較可能拿到健康的零食。萬一他還是想吃餅乾，就必須思考他想不想到地下室去拿，通常他會因此覺得吃健康的零食就好。當他的健康開始好轉時，他覺得改變也變得比較容易了。最後，他更有動力繼續減重及控制血糖。

究竟要不要改變

說你想要改變，通常很容易，但是實際做起來，往往很難。即使改變可以改善生活，但想法與情緒經常阻礙我們改變行為。

很多人迴避可能大幅改善生活的變化，你是否有以下的情況：

□ 你騙自己那個壞習慣「沒那麼糟」，為自己找藉口。
□ 改變日常慣例讓你感到焦慮。
□ 即使你已處在惡劣的情況下，你還是擔心改變可能讓情況變得更糟。
□ 每次想要改變，卻難以貫徹執行。
□ 老闆、家人或朋友做出影響到你的改變時，你很難調適。
□ 對於改變，你思考了很多，卻一直延後執行。
□ 你擔心改變可能無法持久。
□ 踏出安適區的感覺太嚇人了。
□ 你缺乏動力創造正面的改變，因為太難了。
□ 你為自己無法改變的事情找藉口，例如：「我很想多運動，但妻子／先生不想陪我運動。」

□你已經想不起來，上次你刻意挑戰自己變得更好是什麼時候了。

□你對於要不要從事新的事物猶豫不決，因為你覺得那需要付出很多。

你是否覺得以上有些例子看起來很眼熟？環境可能瞬息萬變，但人改變的步調往往緩慢很多。選擇做不同的事情，需要調整想法與行為，那可能令人感到不安，但你不該因此閃避改變。

爲什麼我們會迴避改變

一開始，理查想以太快的速度改變太多的東西，所以很快就覺得不堪負荷。每次他一想：**這會很難**。他就允許自己放棄。不過，當他開始看到一些正面的結果時，想法變得比較正面，也比較容易維持動力。很多人之所以迴避改變，是因為他們覺得做不同的事情風險太大，或是令他們相當不安。

改變的類型

改變有多種類型，你可能會覺得有些類型比較容易：

全有或全無的改變。有些改變是漸進的，有些改變則是要嘛徹底改變，要嘛完全不變。例如，決定要不要生小孩不是漸進的，一旦有了孩子，人生就永遠變了。

習慣改變。你可以戒除壞習慣（例如賴床），或培養好習慣（例如每週運動五次）。多數的習慣改變是讓你暫時嘗試新事物，但你隨時都有可能恢復舊習慣。

嘗鮮式改變。改變有時是嘗試新事物或混合日常慣例，例如當醫院志工或上提琴課。

行為改變。有些行為改變不見得會構成習慣，例如，也許你決心參加孩子的每場球賽，或你想表現得更友善一點。

情緒改變。改變不見得都是具體的，有些是情緒性的。例如，你希望自己不要那麼暴躁易怒，你需要找出導致你暴躁的想法與行為。

認知改變。有時你可能想改變想法。也許你不希望經常想起過去，或希望減少煩憂。

為改變準備就緒

一般人的新年願望之所以經常破功，是因為大家是「看日子」決定改變，而不是真的準備好了。如果你還沒準備好，改變也不太可能持久。即使是改變小小的習慣，例如決定天天用牙線清潔牙齒或是戒掉睡前的消夜，都需要一定程度的付出。

改變的五階段

1. 醞釀期：在醞釀階段，我們還不確定有沒有需要改變。多年來，理查對於要不要改變健康狀態還懵懵懂懂，他迴避看醫生，拒絕量體重，妻子對他的健康表示擔憂時，他也不予理會。

2. 思索期：積極思索的人會考量改變的優缺點。我第一次見到理查時，他就是在思索期，他知道不改變飲食習慣會有嚴重的後果，但他仍不確定該如何改變。

3. 準備期：這是準備改變的階段。他們會擬定計畫，列出改變的具體步驟。理查進入準備階段後，就排定運動日期，並以比較健康的東西取代某一種想要先戒除的甜食。

4. **行動期：**這是具體改變行為的時候。理查開始上健身房，把下午常吃的餅乾換成蘿蔔條。

5. **維持期：**這是大家常忽略的步驟，卻是不可或缺的。理查需要提前計畫，以便在面對阻礙時（例如假日或度假）仍維持改變。

恐懼

安德魯來找我做心理治療時，他只能找到毫無挑戰性的低薪工作。他有大學文憑，還有學貸需要償還，但他的工作完全用不到任何專業技巧，也沒什麼升遷機會。我們見面前的幾個月，他出了車禍，不僅車子撞壞了，也累積了大筆醫藥費。他沒有醫療保險，也沒有汽車保險，陷入了嚴重的財務困境。

雖然有極大的財務壓力需要紓解，安德魯卻不敢找新的工作。他擔心自己不喜歡不同的工作，也對自己的技能缺乏信心。一想到還要習慣新的辦公室、新老闆、新同事，也令他卻步。

我幫安德魯評估換工作的利弊。他把收支狀況列出來以後，就能看清現況了。他再繼續做現在的工作，絕對不可能繳清帳單。即使毫無額外多出來的開支，每個月他無力支付的帳單至少有兩百美元。這個現實狀況讓安德魯有了應徵新工作的動力，無法支付帳單的擔憂凌駕了尋找更高薪工作的擔憂。

很多人像安德魯一樣，擔心做不同的事情可能導致情況更糟。也許你不喜歡現在的房子，卻又擔心新房子可能有更大的問題。也許你擔心結束戀情，因為你怕再也找不到更好的對象。所以即使你不快樂，你還是說服自己維持現狀。

迴避不安

很多人把改變和不安聯想在一起，改變行為令人不安，但他們往往低估了自己承受不安的能力。理查知道改善健康需要改變什麼，但他不想放棄喜愛的食物，覺得運動很痛苦，也擔心減重必須挨餓，害怕上述的一切現實狀況。但他不知道的是，不安的感覺頂多就只是那樣，並沒有多糟糕。他開始對自己承受不安的能力產生信心後，才真的想做進一步的改變。

悲傷

蒂芬妮來做心理治療，因為她想改變消費習慣。她的購物慾已經失控，累積了大筆卡債，使她倍感壓力。她不想再消費下去了，但是在此同時，她也不想改變。我們討論到要是她堅守預算額度，她會擔心什麼。她說她不想放棄和朋友相處的時間，因為她和女性朋友常在週六下午一起逛街。她覺得抑制消費的唯一方法，是放棄和朋友相處的時間，她擔心自己會變得很孤單。

做不同的事情需要放棄一些事物，放棄往往令人悲傷。為了避免悲傷，我們可能會說服自己維持原狀。蒂芬妮寧可繼續和朋友一起購物，也不想迴避破產的問題。

迴避改變的問題所在

迴避改變可能產生嚴重的後果。在理查的例子中，維持目前的生活習慣可能使健康嚴重受損。他延緩改變的時間愈久，愈有可能對身體造成難以彌補的傷害。

不過，避免改變不見得只是影響身體而已，維持現狀也會干擾到生活中其他方面的成長。

- **維持現狀通常是指一成不變**。如果你不做點不同的事，生活可能會變得很無聊。決定讓生活盡可能平凡低調的人，不太可能有豐富充實的人生，也可能會變得沮喪。
- **你不會學習新事物**。不管有沒有你，世界都會改變，別以為你不想改變就能阻止其他人改變。如果你決定後半輩子都維持現狀，你可能會遭到淘汰。
- **你的生活可能不會變好**。你要是不改變，就無法改善生活。許多等著解決的問題都需要你做不同的事，但如果你不願嘗試新的東西，那些問題可能永遠都無法解決。
- **你不會激勵自己培養更健康的習慣**。壞習慣很容易養成，但是戒除壞習慣則需要有嘗試新事物的意願。
- **別人會超越你，覺得你落伍了**。我做心理治療時，常聽到患者說：「我先生已經不是三十年前我嫁的那個人了。」我通常會回應：「我們都希望不是啊。」我希望每個人都能成長，在三十年的歲月裡持續改變。如果你不願挑戰與精進自己，別人可能會開始對你感到厭倦。
- **拖著不改愈久，愈難改**。你覺得抽一根菸後比較容易戒菸，還是抽二十年後比較容易？維持同樣的習慣愈久，就愈難戒除。有些人想等候時機恰當才改變，他們說：「局勢穩定下來以後，我就會去找新工作。」或「假期過後，我再來擔心減肥的問題。」但是所謂的恰當時機往往永遠不會出現。延遲改變愈久，愈難改。

接受改變

我第一次知道瑪麗・黛敏（Mary Deming）這個人，是聽她的好友對她讚不絕口。我聽了瑪麗的故事後，開始瞭解箇中原因。不過等我跟她見面交談後，才對她深深折服。

瑪麗十八歲時，母親診斷出罹患乳癌，短短三年後，她的母親就過世了。母親死後，瑪麗坦言她不願面對現實，時而自憐自艾（她的父親在她少女時期就過世了，所以她覺得自己在二十一歲成為「孤兒」很不公平），時而以忙碌麻痺自己，以免面對現實狀況。

二〇〇〇年，五十歲的時候（她父親過世的年紀），瑪麗開始思考自己的死亡。同年，她任職的高中要求她負責學校贊助的癌症研究募款活動。負責那個活動，讓瑪麗有機會接觸到至親罹癌過世的人，募款活動激起了她發揮影響力的熱誠，於是她開始積極參與癌症研究的籌款。

一開始，她加入美國癌症協會的「抗癌接力」活動，那是她第一次參與健走募款。

接著，二〇〇八年，她加入蘇珊．科曼（Susan G. Komen）贊助的三天六十英里健走路程，那是專為乳癌募款的活動。瑪麗向來好勝心很強，她看到別人募集的金額時，馬上激起不服輸的鬥志，獨自募得了三萬八千美元，等於為她母親過世這三十八年來，每年募款一千美元。

但她並未因此感到自滿，而是歸功於小鎮居民的協助。募款經驗讓她發現，鄰里都很關心癌症研究。她也開始做一些研究，發現家鄉康乃狄克州是全美罹患乳癌率第二高的地方。那個發現促使她靈機一動。

瑪麗決定自己創立非營利機構來募款，並號召整個社群參與。她以家鄉康乃狄克州的西摩鎮（Seymour）為那個機構命名：粉紅西摩（Seymour Pink）。每年十月的乳癌宣傳月，那個小鎮都會想辦法讓每個人「看到更多的粉紅色」。商家都換上粉紅色的裝飾，鎮上的路燈都掛上粉紅色的橫幅，以表達對乳癌倖存者的尊重，也緬懷因乳癌過世的親人。家家戶戶都綁上了粉紅絲帶和氣球。

多年來，瑪麗為防制乳癌的相關理念募集了近五十萬美元。她的組織捐了一些錢做癌症研究，也金援一些受到癌症衝擊的家庭。瑪麗不僅不居功（她只盛讚參與募款活動的社群成員有多棒），也不曾提起她克服困難的成就。我是因為別人告訴我，才曉得她克服的障礙。

在開始募款的三年後，她遇上一場嚴重的車禍，腦部創傷使她的言語和認知都出了很大的問題。但是嚴重的車禍也無法阻止瑪麗，她每週去做八次言語治療，決心繼續為乳癌患者和相關研究籌募資金。在多數人可能選擇退休之際，瑪麗說：「我才不要就此退隱。」她知道復健是一條漫漫長路，但她一點都不想放棄。她花了五年才完成復健，二〇〇八年她回高中繼續擔任科學老師，也恢復募款活動。

瑪麗不是一開始就想改變世界，她最初是把焦點放在她能發揮影響力的地方。如果你從改變個人生活出發，也可以開始改變他人的生活。德蕾莎修女說：「我獨自一人無法改變世界，但我可以把一顆石頭扔過水面，創造出許多漣漪。」瑪麗．黛敏也不是一開始就著手改變世界，但她確實改變了很多人的人生。

找出改變的優缺點

寫一份清單，列出維持現況的優缺點。接著，寫另一份清單，列出改變的優缺點。不要光看優點比缺點哪邊數量較多，就妄下決定，而是仔細檢討清單。反覆多看幾次，思考「改變」相對於「維持原狀」的可能結果。如果你還在考慮要不要改變，這個練習可以幫你做決定。

你也沒必要為了改變而改變。搬家、展開新戀情，或換工作之類的變化，本身不會增強你的心智強度。你應該密切注意你想改變的原因，以判斷你那樣決定是不是因為那樣做對你最好。

如果你還是舉棋不定，可以做些行為實驗。除非你是面對全有或全無的改變，不然你可以嘗試改變一週。過了一個星期以後，評估你的進度和動力，再判斷你是否還想繼續改變。

注意自己的情緒

注意那些影響你決定的情緒。當你考慮改變時，你感覺如何？例如：

你擔心改變無法持久嗎？
光是想到做不同的事情，你就覺得很累，提不起勁嗎？
你擔心改變無法貫徹執行嗎？
你怕情況變得更糟嗎？
改變就不得不放棄某個東西，你覺得難過嗎？

你連坦承問題存在都感到不安嗎？

找出這些情緒後，就可以判斷逆著這些情緒行動是否合理。例如，理查感受到多種不同的情緒。他擔心投入新事物，覺得運動可能需要放棄與家人相處的時間而內疚，他也擔心自己無法管控身體健康。儘管如此，他更怕的是，要是再不改變，會發生什麼事。

別讓情緒為你做最後的決定，有時即使你「不想」改變，也必須有意願改變。你應該以理性思維來平衡情緒。如果你怕嘗試新事物，覺得改變不會影響你的人生，你可能會認為沒必要逼自己承受改變的壓力。但如果你能找出改變對你的長期效益，你或許會覺得忍受不安是值得的。

管理負面想法

找出可能影響你的不實負面想法。一旦你開始改變，你對過程的看法也會大幅影響你持續下去的動力。注意以下這些可能讓你迴避改變的想法：

這樣做永遠行不通。

我沒辦法做不同的事。

這太難了。

要我放棄喜歡的事情，壓力太大了。

其實我現在做的事情沒那麼糟。

沒必要嘗試新事物，因為我以前試過類似的，結果也沒有用。

我無法應付改變。

你覺得很難，並不表示你不該做。人生中有些最棒的事情，往往是我們卯足心力克服挑戰得來的。

為改變規劃成功計畫

為改變預作準備可能是最重要的步驟。制定一套落實改變的計畫，寫明你要如何堅持到底。有了計畫以後，就能逐步推動行為改變。

一開始，理查告訴自己需要減三十四公斤，但是那麼大的數字令人望而生畏，他覺得那是不可能的任務。他每天早上都打定主意照計畫進行，但是到了傍晚又不敵舊習的誘惑。他後來改變策略，把焦點放在今天能做什麼，才開始出現行為改變。訂定小一點的目標，例如先減兩公斤，如此一來，他就能設定每天的進度。他也開始寫飲食日誌，自己帶便當，而不外食，不上健身房的日子就跟家人出去散步。

除非你是面對全有或全無的改變，否則你都可以規劃漸進的步驟。以下面的步驟為改變做好準備：

- **設立未來三十天的目標**。有些人會想要一次改變一切事物，你應該先選定一個目標，為一個月後想看到的改變設定務實的預期。
- **每天為達成目標設定具體的行為改變**。每天至少找一個讓你更貼近目標的步驟。
- **過程中先預期障礙**。對可能遇到的特定挑戰，列出因應計畫。提前計畫可以避免偏離正軌。
- **確立責任歸屬**。針對進度建立責任歸屬，效果最好。找親友來幫你加油打氣並檢查進度。每天記下進度，對自己負責。
- **追蹤進度**。決定如何追蹤進度。記錄你的付出和每日成果，可以維持改變的動力。

表現出你想成為的樣子

如果你的目標是變得更外向，就展現出更友善的舉止。如果你想成為成功的銷售人員，就去研究業務高手的行為，仿效他們的方式。你不見得要等到你想做或恰當的時機才做，現在就開始改變。

理查想要變得更健康，所以他需要過健康的生活。均衡膳食和多活動身體是他可以開始做的兩件事。

明確找出你想變成什麼樣子，接著就積極變成那個模樣。我常聽到有人說：「我希望我有更多的朋友。」別等著朋友主動上門，現在就展現友善的態度，你就能結識新朋友。

迎向改變使你更堅強

一九六〇年代和七〇年代，葛雷格・馬席斯（Greg Mathis）法官在底特律的貧民區成長。青少年時期，他多次被捕，輟學加入幫派。十七歲時，他被拘禁在少年觀護所，他的母親診斷出大腸癌。母親罹癌使他提早獲得假釋，他向垂危的母親承諾，他會從此改過自新。

假釋規定要求他必須找一份工作，他開始到麥當勞打工。後來他申請進入東密西根大學就讀，之後繼續攻讀法學院。犯罪前科導致他無法擔任律師，但那並未阻止他想協助底特律市的熱誠，他後來成為底特律鄰里市政廳（Detroit Neighborhood City Halls）的管理者。約莫同一時間，他和妻子一起成立協助年輕人就業的非營利機構「青年堅持自我」（Young Adults Asserting Themselves）。幾年後，馬席斯決定問鼎法官的寶座，儘管對手提醒大家他有前科，但底特律人認為馬席斯已徹底洗心革面。他擊敗了在任二十年的對手，獲選為密西根州有史以來最年輕的法官。馬席斯法官很快就引起好萊塢的關注，一九九九年他開闢一個熱門電視節目，在節目中調停小額索賠的糾紛。

馬席斯因自己曾誤入歧途，如今把多數的時間和精力都用來幫助年輕人做更好的人生決定。他巡迴美國各地，舉辦青年教育展，鼓勵年輕人為將來做最好的選擇。他勸勉年輕人別像他那樣誤入歧途，因此榮獲多項獎項和榮譽的肯定。

有時改變可能促成全面的改造，完全扭轉一生。很多人致力改變生活的某個領域時（例如償債），也在不知不覺中減肥或改善了婚姻。正面的改變會提升動力，動力的提升又會促成更多的正面改變，積極迎向改變有良性循環的效果。

解惑及常見陷阱

遺憾的是，無論你想不想改變，人生都會改變。失業、失去摯愛、友人離去，或孩子搬出去生活等等的改變，都是生活的一部分。平時多練習適應小改變，你會有更多的餘裕因應無可避免的大改變。

注意你因應改變的方式。有些跡象會顯示你在迴避可能改善生活的重大改變，你應該特別留心那種警訊。改變可能令人不安，但除非你願意成長及改善自己，否則你永遠無法提升心智強度。

實用技巧

以開放的心態，評估你是否做好改變的準備。

為目標的設定與達成，設定務實的時間表。

以理性思考來平衡情緒，幫你決定要不要改變。

預期可能會干擾進度的障礙。
評估改變及維持原狀各有什麼優缺點。
以明確的步驟每次鎖定一項小改變。
用心展現你想成為的樣子。

當心陷阱

連思考改變都刻意迴避或忽視。
把改變延後到達成某個里程碑，或某段期間之後。
由情緒來決定你想不想改變，而不是考慮改變是否合理。
為不改變找藉口。
只注意改變的負面影響，不顧正面效益。
説服自己別為了改變而浪費心神，因為你覺得自己做不到。
等到想改變時才行動。

4

13

不在意無法掌控的事情

你也許無法控制發生在你身上的事，但你可以決定不被它們擊倒。

——瑪雅．安傑洛（Maya Angelou，美國作家）

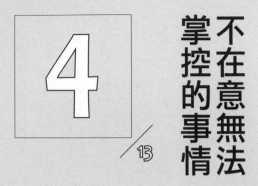

詹姆斯來找我做心理治療，是因為監護權的爭奪戰令他心煩意亂。他和前妻卡曼爭搶七歲女兒的監護權已經三年多了。法官把主要監護權判給了卡曼，只讓詹姆斯在週三晚上和週末探視女兒。詹姆斯對此判決相當不滿，他覺得他才是比較稱職的家長。詹姆斯認為卡曼想扯他的後腿，破壞他們的父女關係。他最近告訴卡曼，他打算帶女兒去賞鯨。不過，那天快到時，女兒突然告訴他，上週母親就帶她去賞鯨了。詹姆斯一聽氣炸了，他覺得卡曼老是以更盛大的生日派對、昂貴的聖誕禮、豪華的旅遊來搶他的風采，以爭取女兒的青睞。詹姆斯的財力比不上前妻，他也不想跟前妻的這種放縱行徑一較高下。卡曼放任女兒熬夜晚睡，獨自在外遊樂，吃垃圾食物。他多次向卡曼提起他的擔憂，但卡曼明確表示，她對他的意見毫無興趣。詹姆斯確信，卡曼只想把他塑造成女兒眼中的壞人。

他也無法接受前妻又交了新男友，因為他擔心女兒會接觸到什麼樣的男人。他甚至告訴卡曼，有一次他看到她的男友和另一個女人在一起，希望他們能分手。這招反而激怒了卡曼，她揚言他要是再干預她的私事，她就要對他申請禁制令。

詹姆斯一開始來做心理治療，不是因為他想管好自己的情緒，而是因為他想尋找法律上的幫助。他希望我幫他寫封信給法院，闡述他為什麼理當獲得女兒的監護權。我說我無法那樣做，而他的回應是，他覺得心理治療可能對他沒什麼效果。不過，他並未馬上起身離去，還是繼續講個不停。

我問他，之前想辦法改變法官的看法是否有效，他說法官很確定監護權維持不變，無論他能否接受都一樣。他也坦言，即使他費盡心力，卻始終無法說服卡曼做出任何改變。那天治療時段結束時，詹姆斯答應再來一次。

下一次他再來時，我們討論到他試圖掌控局勢，對女兒有什麼負面影響。他也發現自己對前妻的不滿，干擾了他們的父女關係。我們討論了一些對策，幫他把一些心力放在改善父女關係上。

詹姆斯回來做第三次（也是最後一次）心理治療時，他說：「我帶女兒去賞鯨時，應該專心同樂的，而不是整趟旅程都忙著傳送憤怒的簡訊給前妻，說她老是想搶我的風采。」我知道他終於懂了。他也發現，儘管他不認同前妻的一些規矩，只是為了爭取監護權而一再把她拉進法院，也對情況毫無助益。那樣做不過是把原本可以花在女兒身上的錢，浪費在法院罷了。他認為他應該把精力放在自己身上，讓自己成為女兒的榜樣，對她產生正面的影響。

掌控一切

一切都在掌握中，感覺令人放心。但是以為自己能夠掌控一切，那可能是個問題。

你是否有以下的情況？

- □你花很多時間和精力阻止壞事發生。
- □你花很多心力期待他人改變。
- □面臨困境時，你覺得自己可以一肩挑起。
- □你覺得任何情境的結局，完全是看你決定投入多少心力而定。
- □你認為成功和好運無關，你的未來完全操控在你的手中。
- □別人有時會說你是「控制狂」。
- □你不太放心把任務交給別人做，因為你認為別人做不好。
- □即使你發現自己無法完全掌控局勢，你還是不想放手。
- □遇到任何挫敗，你都覺得自己應該負起全責。
- □你不好意思開口求助。
- □你覺得達不到目標的人要完全為自己的狀況負責。

□你難以和團隊合作，因為你懷疑其他團員的能力。

□你難以培養人際關係，因為你不相信別人。

你是否有以上的任何情況？生活中遇到的一切人事物，不可能都**盡如你意**。當你學會不再堅持無法掌控的細節時，你可以把那些時間和精力投注在你能掌控的地方，達到驚人的成果。

爲什麼我們會想掌控一切

詹姆斯對於離婚深感愧疚，他曾試圖和卡曼重修舊好，因為他希望女兒在穩定的家庭中成長。他們夫妻離婚時，他不希望女兒受苦。

顯然，詹姆斯很有父愛，擔心女兒的幸福。女兒跟著母親生活後，他發現自己幾乎無法掌控女兒身上發生的事，因此覺得不知所措。為了減少焦慮，他想盡可能地掌控狀況，他以為只要能掌控一切（例如前妻跟誰交往、前妻的家規等等），就會覺得好過一些。

想要掌控一切，通常是因為想要壓抑內心的焦慮。當你知道一切都在掌控中時，就沒必要擔心了。於是，你不去管控內心的焦慮，而是想要管控外在環境。

想把一切處理好，也是出於某種超級英雄的心態。我們誤以為只要自己夠努力，一切都會如我們所願。於是，我們不願把任務交給同事處理，也不放心請配偶幫我們跑腿處理事情。為了確保事情「做對」，我們常把所有擔子都攬在身上，因為我們不放心其他人的能力。

控制觀

判斷什麼事情在你的掌控中，什麼不在，主要是看你的信念體系而定，心理學稱之為控制觀（locus of control）。有外在控制觀的人認為，人生主要是看命運或運氣而定，他們比較可能相信「命中注定，就會發生」。

有內在控制觀的人認為，他們可以完全掌握自己的未來，為人生的一切成敗負起全責，相信他們有能力掌控一切，舉凡未來的財務狀況、健康等等。

你的控制觀決定了你對所處情境的看法。試想，某人去面試時，他具備那家公司想要的資格和學經歷。但面試過了幾天後，他接獲通知，說他沒有被錄取。如果他有外在控制觀，他會覺得：**可能有些資歷更高的人申請那個職位吧，反正那份工作也不適合我**。如果他有內在控制觀，他可能會覺得：**我可能沒讓他們留下深刻的印象，我知道我應該先把履歷表改好，同時精進面試的技巧**。

很多因素會影響你的控制觀，童年經驗無疑是影響要素。如果你從小成長的家庭非常重視辛勤努力，你會比較偏向內在控制觀，因為你相信認真努力就能獲得回報。如果家長灌輸你的觀念是：「你的意見不重要」或「不管你做什麼，都無法出頭天」，你可能會發展出外在控制觀。

你一生的經驗也會影響控制觀。當你努力達到成果時，你會覺得結果在你的掌控中。如果你認為自己再怎麼努力都無法成功時，可能會開始感到自己沒什麼掌控力。

大家往往把內在控制觀美化成「最佳」方式。例如，很多文化都推崇「只要有心，天下無難事」之類的概念。事實上，控制感很強的人往往是卓越的執行長，因為他們相信自己可以發揮影響力。醫生喜歡有內在控制觀的病患，因為他們會想辦法治療及預防疾病。但是認為你能控制**一切**，也有潛在的缺點。

浪費精力在無法掌控的事物上有何問題

詹姆斯為了獲得監護權，浪費了很多時間、精力和金錢，即使他一再跑法院，也無法改變法官的判決。他原本以為多花點心力掌控局勢，就可以減少壓力，但是每次無法如願時，他的壓力又更大了。他試圖掌控局勢的行為，也對父女關係產生了負面影響。他無法盡情享受父女相處的時光，培養感情，反而逼問女兒和母親生活的狀況。想要掌控一切有可能衍生幾個問題：

● **想要掌控一切可能讓人更加焦慮**。為了減少焦慮而試圖管控外在的一切，往往會產生反效果。而且你愈是無法掌控局勢，焦慮會愈嚴重，到最後你可能覺得自己很沒用。

● **想要掌控一切是浪費時間和精力**。擔心你無法掌控的事情是浪費心神。希望情況有所改變，說服別人完全照你的意思做，試圖阻止壞事發生，都是很耗神的事。那會佔用你積極解決問題及處理可控制議題的精力。

● **控制狂有害人際關係的發展**。要求別人該怎麼做，或堅持事情該怎麼做才對，不太可能幫你吸引到很多朋友。事實上，控制狂通常很難相處，因為他們很不放心把事情交給別人。

- **你會對別人很嚴苛。**如果你認為你的成就是全憑個人實力掙得的，你會苛求達不到同樣境界的人。事實上，內在控制觀很強的人通常很孤獨，因為他們受不了別人達不到他們的標準。
- **你會覺得失敗都是自己的問題。**你無法永遠阻止壞事發生，如果你認為一切操之在你，每次遇到任何不如意，你都會覺得是自己的問題。

培養平衡的控制觀

詹姆斯在承認自己無法掌控監控權以前，一直困在原地，無法前進。當他明白自己無法掌控那件事時，就可以把焦點轉移到他能掌控的事物上，例如改善父女關係。他也希望能跟前妻維持平和的關係，但是為此，他必須持續提醒自己，他無法掌控前妻家裡的狀況。他發現女兒受到嚴重傷害時，確實可以採取行動，但是吃冰淇淋及熬夜並不構成多大的傷害，無法讓法官變更監護權的判決。

有平衡控制觀的人知道，自己的作為可能影響成敗的機率，但他們知道外在因素也會影響成敗，例如天時、地利、人和。研究人員發現，這些人有「雙控制觀」（bi-locus of control），而不是完全的內在控制觀，或完全的外在控制觀。想在生活中達到這樣的平衡，你要有意願檢討自己的控制觀，注意你多常在自己無法改變的人事物上投注太多精力，提醒自己很多事情是你無法掌控的：

你可以辦一場精彩的派對，但無法控制別人是否玩得盡興。

你可以提供孩子學習的工具，但無法保證孩子學業優異。

你可以在工作上全力以赴，但無法逼老闆肯定你的功績。

你可以推銷絕佳的產品，但無法要求別人購買。

你可能是現場最聰明的人，但無法控制別人是否採納你的建議。

你可以嘮叨、懇求，甚至威脅，但你無法逼迫配偶改變行為。

你可能有全世界最樂觀的心態，但那也無法讓癌症末期的診斷消失。

你可以想盡辦法關注自己的健康，但不見得能預防生病。

你可以控制自己做什麼，但無法控制競爭對手。

找出恐懼

二〇〇五年希瑟·馮·聖詹姆斯（Heather Von St. James）診斷出罹患間皮癌，當時她的女兒才三個月大。小時候她常穿父親的工作服玩耍，那件夾克很可能暴露在石棉下，導致她日後罹患間皮癌，年僅三十六歲就得了這種「老人病」。

醫生認為她的壽命只剩十五個月。接受放療和化療的話，最多可存活五年。不過，她得先做肺部切除手術，儘管那個手術很危險，但那已經是她存活的最佳機率了。

希瑟決定動大手術，切除感染的肺葉和上皮內襯，並以外科用的內植膜取代一半的膈膜和心臟內襯。手術後，她住院一個月療養。出院後，她和父母同住了幾個月，讓先生回去上班，由父母幫忙照顧孩子。三個月後，她回到家裡，接受放療和化療。過了近一年，她才開始恢復元氣，不過直到今天，她還是維持沒有癌細胞的狀態。現在她只剩一個肺葉，只要稍微操勞，就容易上氣不接下氣，但她覺得那是重獲新生的小小代價。

為了紀念移除肺葉的日子，希瑟現在每逢二月二日都會慶祝「肺離日」。每年的「肺離日」，希瑟都會承認自己對於無法掌控的事情（例如癌症復發）感到恐懼。她以簽字筆把那些恐懼寫在盤子上，接著把盤子砸進火堆裡，以象徵自己不再受到恐懼的羈絆。那個慶祝活動在幾年內變得愈來愈盛大，如今有八十幾位親友出席。來賓也跟著寫下自己的恐懼，把盤子砸進火堆裡。後來，他們甚至把那天轉變成募款活動，為間皮癌的研究籌募經費。

希瑟坦言：「癌症讓你覺得自己失去了掌控力。」儘管她現在沒有癌細胞，她坦言自己還是很擔心女兒可能幼年喪母。她決定把最大的恐懼寫下來，直接面對那些恐懼。她因此發現，那些事情都不在她的掌控中，於是她把焦點轉移到她能掌控的事情上，例如把每一天都過得很充實。

目前，希瑟擔任間皮癌患者的代言人，她跟診斷罹癌的患者溝通，幫他們因應對癌症的恐懼。她也經常演講，傳達希望與療癒的訊息。

當你發現你想掌控無法控制的事物時，可以自問：**我在害怕什麼？**你擔心別人做了糟糕的選擇嗎？你擔心某件事出現可怕的意外嗎？你怕自己無法成功嗎？承認你的恐懼，想辦法瞭解那些恐懼，你會開始發現哪些事物在你的掌控中、哪些不在。

專注於你能掌控的事物

找出恐懼後，接著找出你能掌控的事物。切記，有時唯一能掌控的是你的行為和心態。

你在機場把行李交給航空公司的地勤人員後，就再也無法掌控行李會發生什麼事。

但你能掌控裝在隨身行李內的東西。只要你隨身帶著最重要的物品及一套換洗衣物，即使託運行李未跟著你到達目的地，你也不會覺得那是多麼緊急的狀況。專注於你能掌控的事物，就比較不會擔憂無法掌控的事物。

當你發現你對某種情況非常焦慮時，盡可能控管你的反應，想辦法影響結果。但記得，你無法掌控其他人，也無法完全掌控最終的結果。

影響他人，但不試圖控制他人

珍妮二十歲時決定退學，她花了幾年攻讀教育學位後，確定自己真的不想當數學老師。更讓母親驚恐的是，她竟然想走藝術那一行。

每天珍妮的母親都會打電話告訴珍妮，她在自毀前程。她的母親表明，她絕對不會支持珍妮退學，甚至揚言，珍妮要是不選擇走「正確的路」，她們母女就此斷絕聯繫。

珍妮很快就厭倦了母親每天批評她的選擇。她好幾次告訴母親，她不打算回去念大學，母親再怎麼羞辱和威脅她，都無法讓她改變想法。但她的母親仍堅持不變，因為她擔心珍妮當藝術家以後的未來。

最後，珍妮乾脆不接電話，也不再到母親家裡用餐了。畢竟，聽母親碎碎念大學輟學生轉行當藝術家不可能成名，不是一件多開心的事。儘管珍妮已經長大成人，母親還是想掌控她的作為。要母親在一旁看著珍妮做出她認為不負責任的選擇，實在太痛苦了。她想像著女兒永遠貧困、不快樂、難以餬口。珍妮的母親誤以為她可以掌控珍妮選擇的人生，可惜的是，她意圖掌控珍妮，反而破壞了母女關係，也無法鼓勵珍妮做不同的事。

我們很難坐視他人從事我們不認同的行為，尤其我們覺得那個行為無異是自我毀滅的時候。但是要求、嘮叨、苦勸都無法得到你要的結果。以下的技巧可以幫你影響他人，但不必逼迫他人改變：

- **先聆聽，再發言**。當你花時間先聆聽對方的想法時，對方的防衛心態不會那麼強。
- **提出你的看法和顧慮，但只提一次就好**。一再提起你的不安，無法增加效果，只會惹人生厭。
- **改變你的行為**。如果妻子不喜歡丈夫喝酒，刻意把他的啤酒倒光，並無法鼓勵他戒酒，但她可以選擇只在他不喝酒時才陪伴他。如果他喜歡妻子的陪伴，可能會減少喝酒的次數。
- **指出優點**。某人開始認真改變時（無論是戒菸或開始運動），你可以給他一些真誠的讚美。但不要太過火，或是說「你看吧，我說過你戒掉垃圾食物以後感覺會更好」

之類的話。挖苦人的恭維或「我早就告訴你了」之類的言詞，並無法激勵他人改變。

練習接受

試想，一個人困在車陣中，車子動彈不得二十分鐘，眼看開會就要遲到了。他開始大吼大叫，罵髒話，以拳頭搥打方向盤。他實在很想掌控當下的情況，無法忍受自己即將遲到。**這些人應該讓開**。他心想，**下午的交通還那麼塞，真是誇張**。

相較之下，隔壁車的人則是打開廣播節目，跟著最愛的歌曲哼唱，耐心地等待。他心想：**反正遲早會抵達目的地**。他善用時間和精力，因為他知道他無法掌控車流何時開始移動，他告訴自己：**每天路上有上百萬輛汽車，有時難免會塞車**。

這兩人以後都可以改變上路的方式，以避免交通阻塞。例如，提早出門，改換不同的路線，搭乘公共交通工具，提早查詢車流狀況，甚至可以發起改變道路系統的活動。但是在當下，他們只能接受自己卡在車陣中，或是覺得自己很倒楣。

即使你不喜歡所處的情境，你還是可以選擇接受。你可以接受老闆刻薄、母親不認同你的選擇，或孩子不認真追求成就。你還是可以藉由改變自己的行為來影響他人，但你不需要逼迫他人改變。

不再想要處處掌控使你更堅強

十八歲時，泰瑞．法克斯（Terry Fox）診斷出骨肉瘤，醫生截去他的腿，還說他的存活率只有百分之五十。不過，醫生也明確指出，過去幾年癌症治療上有重大的進展。兩年前，這類癌症的存活率僅百分之十五。

動完手術不到三週，法克斯就裝上義肢，得以行走了。醫生說，他的積極心態很可能是迅速恢復元氣的關鍵。他後來做了十六個月的化療，那段期間，他見了很多癌末患者。化療結束後，他決定到處宣傳癌症研究需要更多資金。

他截肢的前一晚讀到一則報導，內容是描述一名裝義肢的男子跑完紐約馬拉松。那篇報導激勵他在身體復元後開始跑步，他參加的第一場馬拉松是在加拿大卑詩省舉行，儘管他是最後一位抵達，但在終點線獲得了熱烈的支持。

跑完那場馬拉松後，法克斯想出一個募款計畫，他決定以天天跑一次馬拉松的方式，橫越加拿大。一開始他打算為慈善募款一百萬美元，但不久他把目光放得更遠了，他想向加拿大的每個人各募款一美元，總目標是兩千四百萬美元。

一九八〇年四月，他開始每天跑二十六英里。隨著跑步募款的消息傳開，他的支持度也逐漸攀升。許多社群開始舉辦盛大的接風會，以慶祝他蒞臨他們的城鎮。他也受邀發表演講，募款的金額持續增加。

法克斯連續跑了一百四十三天，直到某天他跑到喘不過氣來，胸口疼痛，緊急送醫急救。醫生證實他的癌症復發了，已經擴散到肺部。跑了三千多英里後，他被迫停止。

他住院時，募款已逾一百七十萬美元。不過，隨著他住院的消息傳開，他獲得了更多的支持。一場歷時五小時的電話募款活動，又募集了一千零五十萬美元。捐款持續湧進，到了隔年春天，法克斯的募款金額已突破兩千三百萬美元。他試了多種療法，但癌細胞仍持續擴散，一九八一年六月，法克斯因癌症的併發症過世。

法克斯知道他無法掌控身體健康，也無法避免大家罹癌，他甚至無法掌控癌細胞擴散的速度。與其關注那些事情，他選擇把精力放在自己能掌控的事物上。

他開始跑步募款以前，寫了一封信尋求支持，他在信中明確指出，他覺得跑步無法抗癌，但他知道那樣做可以發揮影響力。他說：「跑步是我能做的事，即使我必須爬完最後一哩。」

他選擇做看似難以想像的事，那項決定給了他一個目標，而且那個目標延續至今。每年世界各地的國家都參與「泰瑞．法克斯慈善路跑」活動，募款金額已逾六．五億美元。

當你不再想要掌控生活中的每個環節時，你會有更多的時間和精力，投入你能掌控的事物。那樣做可為你帶來以下的效益：

● **感覺更幸福**。當我們有平衡的控制觀時，幸福感最高。有「雙重預期」（bi-local expectancy）的人知道，他們可以採取很多的方式掌控自己的生活；但他們也知道個人的能力有限。他們比那些覺得自己可以掌控一切的人更快樂。

● **人際關係更好**。當你不再想要掌控一切時，人際關係也會更融洽。比較不會對他人不信賴，也樂見更多人走進你的生活。你可能更樂於尋求協助，別人也不會覺得你很嚴苛。研究顯示，當我們不再試圖掌控一切時，歸屬感和社群意識都會提升。

● **壓力較小**。當你不再把一切事情攬在身上時，壓力也會減輕。放棄掌控可能短期內會讓你更加焦慮，但長期而言，壓力和焦慮都會減少許多。

● **接觸新機會**。當你亟欲掌控一切時，比較不樂見生活出現變化，因為變化不見得都有正面的結果。當你不再想要掌控一切時，更有信心把握新機會。

● **成就更多**。多數想要掌控一切的人，都有強烈的成功慾，但是內在控制觀其實有損成功機率。研究顯示，當你一心一意想要確保自己成功時，反而可能錯失晉升的機會。當你不再想要掌控一切時，會更樂於探索其他領域，可能會發現難得的好機會。

解惑及常見陷阱

當你只關注外界哪裡出問題，而不掌控自己的心態和舉止時，會覺得自己陷入某種動彈不得的狀態。與其浪費精力想要避免風暴來襲，不如做好因應風暴的準備。

實用技巧

把任務與責任授權給他人處理。

必要時尋求協助。

專注解決你能掌控的問題。

想辦法影響他人，而不是掌控他人。

平衡看待哪些事情在你的掌控中、哪些不在。

不要獨自扛下整體結果。

當心陷阱

堅持凡事自己來，覺得別人都做不好。
凡事都想獨自完成，因為你覺得你無需他人協助就能搞定。
花時間思考如何改變你無法直接掌控的事。
不管別人的感受，逼迫別人做你覺得他們應該做的事。
一心只想讓事情的發展如你所願。
不願承認外在的影響因素，一力承擔結果。

5 / 13

不會想要處處迎合他人

在意他人想法，永為人囚。[1]

梅根來找我心理治療，因為她覺得壓力大到難以承受。她說，每天她都沒有足夠的時間完成該做的所有事情。

她三十五歲，已婚，育有兩名稚子，有一份兼差的工作，是教主日學，也帶領女童軍。她努力成為賢妻良母，但總覺得自己做得不夠好。她暴躁易怒，常對家人發脾氣，連她自己也不知道為什麼脾氣那麼暴躁。

我聽梅根講得愈多，愈可以看出她是無法回絕他人的女人。教友常在週六晚上打電話給她，請她為週日早上的教會禮拜烘烤馬芬。女童軍的家長有時加班，無法接送孩子，也會請她幫忙接送。

梅根常幫妹妹照顧孩子，這樣一來，妹妹就不必花錢請保母了。她還有一個表妹常來找她幫忙，那位表妹似乎老是碰到急事，從缺錢到需要幫忙整修住家等等，問題不一而足。最近，梅根已經不接表妹的電話了，因為她知道表妹每次打來都是需要幫忙。

梅根告訴我，她的首要原則是絕不拒絕親人，所以每次表妹打電話來求助或妹妹請她照顧孩子，她都不由自主地答應。我問她，那對她的丈夫和孩子有什麼影響。她告訴我，有時候她無法趕回家吃晚飯，或送孩子上床睡覺。光是坦承這些問題，就讓梅根開始發現，她要是不拒絕親友的要求，等於拒絕了最親近的家人。她雖然在乎親友，但先生和孩子才是她的優先考量，她覺得她應該以家人為重。

我們也檢討了她渴望博得大家的喜愛，她最擔心的是別人覺得她很自私。不過，經過幾次心理治療後，她開始發現渴望人見人愛其實比拒絕別人還要自私。她之所以幫助別人，不是真的想要改善他們的生活，而是想博取大家的喜愛。她開始改變這種迎合他人的想法後，行為也跟著改變了。

梅根經過多次練習後，才敢開始拒絕別人的請求。事實上，她本來不知道該如何拒絕。她以為她需要提出理由，卻又不想撒謊。我鼓勵她直接說：「抱歉，我沒辦法做。」不需要講一堆理由解釋。她開始練習拒絕他人，也發現多做幾次以後，就愈來愈容易開口了。她本來以為別人會生氣，但很快就發現大家似乎不在意。她花較多的時間陪伴家人後，脾氣不再那麼暴躁，壓力也變小了。

迎合他人的徵兆

第二章我們提到，拱手讓出主導權，就是讓別人掌控你的感覺；迎合別人，則是想要掌控別人的感覺。你有以下的情況嗎？

- □你覺得你需要為別人的感覺負責。
- □一想到別人生你的氣，你就感到不安。
- □你逆來順受，好欺負。
- □你覺得附和別人的看法比提出異議容易。
- □你經常抱歉連連，即使你覺得自己沒做錯什麼。
- □你會想盡辦法避免衝突。
- □有人得罪你或傷你的心時，你通常默不吭聲。
- □別人請你幫忙時，即使你不想做也會答應。
- □你揣摩別人的想法，跟著改變自己的行為。
- □你使出渾身解數，只為了讓人留下深刻的印象。
- □你主辦派對，發現大家似乎玩得不太盡興，你覺得那是你的責任。

□你常博取別人的讚美和認同。
□旁人心情不好時，你覺得你有責任讓他／她的心情好轉。
□你不希望有人認為你很自私。
□你常覺得該做的事情排得太滿、負擔太重。

以上的情況是否很眼熟？為了當好人而處處迎合別人時，可能產生反效果，對生活的各方面造成嚴重的影響，導致你無法達成目標。想成為大方的好人，並不需要處處迎合每個人。

爲什麼會想要迎合別人

梅根想要博取「總是滿足他人需求」的美名，別人對她的觀感影響了她對自我價值的認知。她還會刻意討好別人，因為她認為其他選項——例如陷入衝突、遭到排擠、或破壞關係——比討好別人所造成的身心俱疲還要糟糕。

恐懼

衝突和反抗可能令人不安。在會議中，坐在兩位爭執的同事之間通常很難受。親戚失和時，誰會想要參加家族的聚會呢？我們害怕衝突，所以總是告訴自己：**只要能讓每個人開心，事情就會順利。**

迎合者看到一輛車子快速接近時，可能會加快開車的速度，因為他想：**那個人在趕時間，我不想開太慢惹毛他。**迎合者可能也怕遭到拒絕或排擠，心想：**我要是不迎合你，你可能會不喜歡我。**別人的讚美和肯定讓他們做起事來更加賣力，如果他們獲得的肯定不夠，他們會改變行為，想辦法讓別人開心。

習得行為

想要避免衝突的渴望也可能來自童年。如果你童年時期，父母經常爭吵，久而久之，你可能認為衝突很糟糕，迎合他人是避免爭執的最好方法。

酗酒者的孩子長大後，也容易變得事事迎合他人，因為面對父母難以預知的行為，一味的迎合是最好的方法。在其他情況下，迎合他人是獲得關注的唯一之途。

把別人視為優先考量，也是讓自己感覺被人需要、很重要的方法。**只要能讓人開心，我就有那個價值**。久而久之，花心思去關心別人的感受和生活就變成一種習慣。

很多來找我治療的患者說，他們必須逆來順受，因為聖經教他們那樣做。但我很確定聖經是說：「愛人如己」，而不是愛人更勝於己。多數的心靈宗派鼓勵我們，大膽照著個人的價值觀生活，即使那樣做會得罪一些人也無妨。

處處迎合他人的問題所在

梅根因為一心想要迎合他人，而忽略了自己的價值觀。她把自己的需求擱在一邊，導致心情低落。她來做過幾次心理治療後，丈夫對她說：「我覺得以前的梅根回來了。」這時她才意識到，自己亟欲迎合他人，反而導致家人受害。

你的假設不見得正確

莎莉約珍一起去逛街購物，她之所以提出邀約，只是因為上週珍約她喝咖啡，她覺得應該禮尚往來。不過，莎莉其實希望珍能拒絕邀約，因為她想去商場挑一下鞋子就走。她知道要是珍也一起前往，可能會逛上好幾個鐘頭。

其實珍也不想去購物，她還有些事情需要處理，一些家事需要打理，但她又怕回絕邀約可能傷了莎莉的心。所以莎莉提出邀約時，她就答應了。

這兩位女性都覺得自己在迎合對方，但她們顯然都不知道對方在想什麼。她們「試圖展現善意」，反而為對方帶來困擾，但兩人都沒有勇氣講出真心話。

我們大都以為，迎合他人證明我們大人大量，但你仔細去想，一心想要迎合別人並非無私之舉，其實很自我中心。那是假設每個人都很在乎你的一舉一動，也反映出你覺得自己有能力掌控他人的感受。

如果你老是做事討好別人，又覺得對方毫不領情，你很快就會變得憤恨不平。你的內心會開始萌生**我為你做那麼多，你卻沒為我做任何事**之類的想法，最後也壞了你們之間的關係。

迎合他人有害人際關係

安琪拉並沒有處處迎合周遭的每個人，她只迎合交往的對象。如果交往的對象說，他喜歡有幽默感的女人，安琪拉就會多講一些笑話。如果交往的對象說，他喜歡不按牌理出牌的女人，安琪拉就一直講去年夏天她臨時起意去法國的旅行。不過，若是對方說他喜歡聰明的女人，安琪拉也會講那趟法國之旅，但她會說她去法國是為了欣賞藝術。

安琪拉想盡辦法讓自己在交往對象的眼中變得更有魅力。她覺得只要自己講出很多迎合對方的事情，下次便還有機會相約。她沒想過自己不斷地更換形象，長期下來會有什麼後果。最後，她因為誰也無法討好，而找不到長期交往的對象。

正常的男人並不想和傀儡一樣的空殼女人交往。事實上，很多男性很快就對她生厭了，因為她老是附和他們的話。她想講場面話取悅對方的意圖相當明顯。

安琪拉擔心，她要是不認同對方或提出異議，對方就會對她沒興趣，由此可見她缺乏自信。她心想：**除非投你所好，不然你就不理我了**。如果你真的在乎某人，也認為對方在乎你，你必須有意願告訴他真相。你知道即使那個人不喜歡你說某些話或做某些事，他還是很樂於與你相處。

要讓周遭的人永遠開心是不可能的。也許岳父請你幫他處理一個案子，但你要是去幫他，妻子可能會生氣，因為你們早就約好中午一起用餐。面對那樣的抉擇時，迎合者往往會冒著得罪自己人的風險，他們知道配偶終究會原諒他們。可惜的是，那樣做往往會激怒或傷害你最愛的人。我們不是應該反過來，對自己人更好一點嗎？

你認識有人把自己塑造成犧牲者嗎？那種人想要迎合別人的企圖，其實令人反感。他們常把以下的話掛在嘴邊：「這裡的一切都是我做的」，或「要是我不做，就沒有人做了」。當犧牲者想要迎合他人，卻產生反效果時，他們可能變得憤世嫉俗。

無論你常把自己想成犧牲者，還是怕傷了別人的心而不敢拒絕別人，你都無法保證別人因為你的討好就喜歡你。別人可能趁機利用你，也不願跟你建立互信互重的深厚關係。

迎合者忽略了自己的價值觀

澳洲護士布朗妮．維爾（Bronnie Ware）多年來照顧臨終患者，她說迎合他人是病人臨終前的一大遺憾。她在《你遇見的，都是貴人》（*The Top Five Regrets of the Dying*）一書中提到，病患臨終時常說，要是這輩子過得更真切踏實就好了。與其在穿著言行上迎合他人，他們更希望這輩子忠於自我。

《社會與臨床心理學期刊》（*Journal of Social and Clinical Psychology*）上刊登的研究顯示，討好者通常吃得比較多，因為他們覺得那樣做可以讓周遭的人更開心。儘管沒有證據顯示周遭的人注意到他們吃什麼，但他們心想，如果那樣做能讓現場的其他人覺得好過一些，即使對自己的健康有害也無所謂。

迎合他人會阻礙你充分發揮潛力，雖然討好者希望討人喜歡，但他們往往不希望自己在任何領域裡表現最佳，以免受到太多推崇而導致其他人吃味。有些人可能對升遷不是那麼期待，對於工作上的成就也不好意思居功。有些女人遇到有魅力的男性主動攀談時，可能決定不友善回應，因為她不希望身邊沒受到關注的朋友心生難過。

無論你的價值觀是什麼，只要你一心想要迎合他人，就不會再按照那些價值觀行事。你很快就忘了做什麼才正確，只想取悅他人。迎合他人雖然討喜，但不見得就是正確的選擇。

避免處處迎合他人

來者不拒已經變成梅根的習慣，別人提出要求時，她總是不由自主地答應。所以我幫她設計了一套口訣，讓她反覆對自己說：「答應別人就是拒絕家人。」她知道有些要求不會影響到先生和孩子，是可以答應的。她只是不能對所有的要求都來者不拒，否則自己的心情和家人都會受害。

判斷你想迎合的對象

如果你想成功達成目標，需要界定方法，而不是只做別人希望你做的事。分類廣告網站 Craigslist 的執行長吉姆．巴克麥斯特（Jim Buckmaster）親身體會了這點的重要。

二〇〇〇年，巴克麥斯特成為 Craigslist 的執行長。當其他網站利用廣告增加收入時，Craigslist 並未跟進。事實上，Craigslist 推掉了多種創造營收的機會，他們決定維持網站的簡潔，只針對少數幾種分類廣告收費，絕大多數的用戶貢獻內容依舊是免費服務。事實上，Craigslist 甚至沒有行銷團隊。

Craigslist 因為這個決定而收到很多反彈，巴克麥斯特也備受批評。有人指控他反資本主義，甚至說他是「社會無政府主義者」。但巴克麥斯特不想迎合批評者，他還是按照一貫的方式繼續經營 Craigslist。

他不願意跟著主流起舞，避免 Craigslist 過度依賴廣告，那可能正是讓 Craigslist 繼續營運下去的原因。Craigslist 安度了網路泡沫，持續成為全球最熱門的網站之一，據估計至少有五十億美元的價值。巴克麥斯特不想處處迎合他人，因此讓公司專注朝目標邁進，接觸到更多的用戶。

在你揣摩他人的意思，不由自主地跟著改變行為以前，先評估你的想法和感受。當你遲疑要不要表達意見時，請記得以下有關迎合他人的真相：

- **一心想要迎合每個人是浪費時間**。你無法掌控別人的感受，你花愈多時間思考別人是否開心，就愈沒有時間思考真正重要的事。
- **討好者很容易受到操弄**。別人一眼就能識破討好者。有心利用討好者的人，會運用技巧操弄討好者的情緒，掌控他們的行為。特別注意說出以下話語的人：「我請你做這件事，是因為你做得最好。」或「我實在不想麻煩你，但……」
- **讓別人生氣或失望沒什麼大不了**。沒有理由一定要讓人時時開心或處處滿意。每個人都有能力因應各種感受，避免別人不開心不是你的責任。別人生氣不見得就是因為你做錯了什麼。
- **你無法迎合所有人**。同一件事不可能讓人人滿意，有些人永遠不會有滿意的時刻，讓他們開心不是你的責任。

釐清你的價值觀

試想，一個單親媽媽在工廠做全職的工作。某天，她叫醒兒子上學時，兒子說身體不舒服。她檢查他的體溫，發現兒子有點發燒，顯然無法上學。

她必須決定該怎麼安置兒子，她沒有親友可以陪伴兒子。她可以請假，但是請假就無法支薪，少了那天的薪水，當週的伙食就有困難。她也擔心再請假可能工作不保，她已經因為孩子生病請了很多假。

她決定讓孩子自己在家裡休息，她知道別人可能會批評她把生病的孩子獨自留在家裡，畢竟孩子才十歲。但她的價值觀告訴她，無論別人怎麼評斷，以當下的情況來看，那才是正確的選擇。她並不是把工作看得比兒子還要重要，事實上，她對家人的重視超過一切。但她知道，長期來說，去上班對家人是最好的選擇。

面臨生活的抉擇時，你必須知道自己的價值觀，才能做出最好的選擇。你可以不假思索地列出你的五大價值觀嗎？多數人做不到。但如果你不確定自己的價值觀，怎麼知道要把精力投注在哪裡？又要如何做出最好的決定？花點時間釐清你的價值觀是很值得的練習。一般人常視為優先要務的價值觀包括：

孩子

戀愛關係

大家族

宗教／心靈寄託
行善助人
職業生涯
金錢
維繫友誼
注意身體健康
人生目標
休閒活動
迎合他人
教育

選出你人生中的五大價值觀，並依照重要性排序。接著，停下來思考你是否有按照這些價值觀生活，你花多少時間、金錢、精力、技能在你重視的價值上？不在那份清單上的事物，是否佔用你太多心力了？

「迎合他人」在你的清單上是排名第幾？那絕對不該是排在前面的項目。偶爾檢討你的清單順序，可以幫你判斷生活是否失衡。

花時間判斷是否回絕他人

以梅根為例，她後來開始閃避表妹，因為她知道表妹開口求助時，她很難拒絕。為了幫她回絕，我們設計了一套應對的說詞。每次有人請她做事時，她就回應：「我先看看我手邊其他事情的狀況，等一下再回你。」那樣的回應可以幫她爭取時間，思考她究竟想不想做那件事。這樣一來，她可以確定她若是答應幫忙，是因為她真的想做，而不是因為她想犧牲自己、迎合別人。

如果你總是不由自主地答應別人的要求，你應該學習在回應以前評估決定。有人請你做某件事時，先自問以下的問題再回應：

- **這是我想做的事嗎？**討好者大都不知道自己想要什麼，因為他們已經習慣來者不拒。你應該花點時間評估自己的想法。
- **做這件事需要我放棄什麼？**你幫別人時，需要放棄一些東西，也許是陪伴家人的時間，或者你還得自掏腰包。在做決定以前，先確定答應對方的要求對你有什麼意義。
- **我可以因此得到什麼？**也許你會因此改善人際關係，或是那件事會讓你樂在其中。思考一下答應對方要求可能獲得的效益。

● 我做了以後會有什麼感覺？你可能感到生氣或怨恨嗎？還是覺得快樂又自豪呢？權衡選項時，花點時間想像你可能的感受。

梅根後來發現，她不需要找藉口說明她為何無法答應要求。回絕對方時，你可以說：「我也想幫你，但我現在沒辦法。」或「抱歉，我沒辦法做。」如果你不習慣回絕，那麼就多加練習，自然熟能生巧。

練習堅定立場

直言不諱不見得就是壞事或很可怕，事實上，果斷堅定的討論也可以很正面，表達你的顧慮也可以改善關係。梅根一度直接告訴表妹，她覺得自己以前好像傻大姐，傻呼呼地被利用了。表妹為此向她道歉，說她不知道梅根有那樣的感覺，她會確定以後那種事不再發生。梅根也為自己的感受和行為負起了一些責任，畢竟別人提出要求時，是她自己不敢回絕。梅根和表妹因此得以修補關係，而不是斷絕往來。

有人佔你便宜，要求你幫忙時，就應該說出來。你不需要表現得很苛刻或無禮，你還是可以維持尊重有禮。表達你的感受，就事論事。話語中多用「我」，例如：「你每次都遲到三十分鐘，我覺得很困擾。」而不是說：「你每次都遲到。」

我遇過很多家長想盡辦法想要討好孩子，他們不忍心看到孩子不快樂，不想告訴孩子不能做什麼，因為他們不希望孩子哭泣或聽到孩子說他們很過分。無論你是面對自己的孩子、朋友、同事或甚至陌生人，如果你不習慣堅持立場，一旦知道別人很氣你，可能會讓你覺得很不安。但是只要多練習，忍受不安、堅定立場就會變得更容易。

知道你無法迎合每個人使你更堅強

摩斯・金格里奇（Mose Gingerich）面臨多數人難以想像的抉擇。他在威斯康辛州的阿米希（Amish）[2] 社群成長，終日忙著以手工耕田與擠牛奶，但他不想一直維持這種傳統的生活模式。在這個不鼓勵質疑的社群裡，金格里奇卻質疑自幼學到的信仰及阿米希的生活方式。

有好幾年，他一直想要離開阿米希社群，從小到大他只懂得這套生活方式。若是永遠離開，他就不准再和阿米希社群裡的任何人接觸，包括他的母親和兄弟姐妹。此外，跨出阿米希社群宛如踏入異鄉，摩斯從來沒用過現代的便利設施，例如電腦或電力。他要如何在一無所知的外界生存下去呢？

不過，對摩斯來說，踏入陌生世界還不是最可怕的。他最擔心的是，他會因此下地獄。他從小接受的教誨都說，阿米希的上帝是唯一的上帝，離開阿米希社群就是背棄上帝。阿米希的長者告訴他，外面的人都是無望之人。離開阿米希社群還想繼續當基督徒，無異於玩火自焚。

在少年及青年時期，摩斯曾短暫離開阿米希社群兩三次，他到美國各地旅遊，瞭解其他的阿米希文化，體驗外在世界。那些探索幫他培養了世界觀和宗教觀，最後他確定自己的觀點不符合阿米希社群的信念，所以他決定永遠脫離阿米希的生活。

摩斯在密蘇里州展開新的人生，他在當地體驗了多種冒險，包括自己開設營建公司、參加真人實境秀。他必須在毫無家人的協助下闖出名堂，因為家人和家鄉的其他人都已經跟他斷絕往來了。摩斯有時會輔導脫離阿米希社群、但難以融入外在世界的年輕人，因為他知道在毫無協助下，找工作、考駕照、瞭解文化規範並非易事。

我有機會問他，當年是如何做出決定的。他告訴我，質疑自己的信念讓他發現：「世界是什麼樣子，全視你的理解而定；而你的理解，全看你的選擇而定，一切操之在你。所以我選擇離開，與現代世界變成生命的共同體。每天我和妻子、兩個女兒及繼子醒來時，我都很感謝上帝讓我做了那個決定。」

要是摩斯當初只想迎合每個人，即使明知那裡不適合他，恐怕至今仍會住在阿米希社群裡。但他有足夠的勇氣跨出熟悉的圈子，離開認識的每個人，去做他覺得正確的事。現在他對自己一手打造的生活感到滿意，也對自己有足夠的信心，可以忍受整個阿米希社群的排擠。

你的言行舉止都必須符合個人信念，才能過真切的人生。當你不再一心想要迎合別人，敢照著自己的價值觀生活時，可以獲得許多效益：

- **自信心大增**。當你明白自己無需做到人人滿意時，就會變得愈獨立、愈有信心。即使別人不認同你的行動，你也會相信自己的決定，因為你知道那樣做是對的。
- **你有更多的時間和精力追求目標**。與其浪費精力變成他人可能喜歡的樣子，你會有更多的時間和精力精進自己。當你把心力投注在目標上時，更有可能成功。
- **你不會覺得壓力那麼大**。當你設定合理的界限時，就不會感到壓力很大、暴躁易怒了。你會覺得自己更能掌控生活。
- **人際關係更健全**。當你堅定立場時，別人會更尊重你。你的溝通技巧也會改善，可以避免積怨在心，怒火攻心。
- **意志力變強**。《實驗心理學期刊》（*Journal of Experimental Psychology*）刊出一項二

○○八年的有趣研究：人主動做出選擇，而不是為了迎合他人時，意志力更強大。如果你做事只是想討好別人，你很難達成目標。當你覺得自己做了最佳選擇時，就會有動力繼續堅持下去。

解惑及常見陷阱

生活中有些方面，很容易根據個人的價值觀運作；但是在某些領域裡，你可能想要迎合他人。注意警訊，想辦法過符合個人信念的生活，而不是讓多數人開心的生活。

實用技巧

找出你的價值觀，按照那些價值觀運作。

決定是否答應他人的請求以前，先注意自己的情緒。

不想做就回絕對方。

練習忍受因提出異議或質疑而感到的不安。

即使直言不諱可能不討喜，還是要堅定立場。

當心陷阱

忘了自己的身分及價值觀。

只顧及他人的感受，不考慮自己的情緒。

不假思索地答應邀約，沒有思考那種選擇好不好。

怕得罪他人而答應別人的要求。

人云亦云，盲目從眾，或不願表達反主流的意見。

譯註：

1 引文「Care about people's approval and you will be their prisoner.」原書指典出老子，疑資料有誤。

2 基督教的一個支派，以拒絕汽車及電力等現代設施，過著自給自足的生活聞名。

6/13

不怕審慎冒險

做事不要太膽怯拘謹，
人生就是實驗，實驗愈多愈好。
——愛默生（Ralph Waldo Emerson，美國思想家）

戴爾擔任高中的工藝老師近三十年，他喜歡那份工作，只是不再像以前那麼熱中了。他夢想自己開家具店時可享有的彈性、自由和收益。但是他跟妻子提起這個想法時，妻子翻了白眼，說他在做白日夢。

戴爾愈是思考那件事，愈覺得妻子可能是正確的。但他也不想再教工藝課了，部分原因在於厭倦教學，部分原因是對工作意興闌珊。他覺得自己的教學不像以前那麼有效果，再繼續教下去對學生並不公平。

創業不是戴爾第一個瘋狂的想法，他曾夢想住在帆船上，有段期間還夢想在夏威夷開民宿。但他不曾落實那些想法，因為他總覺得他應該專注養家。如今孩子皆已成年，他和妻子在財務上也很穩定，但他還是認為應該繼續教書，直到退休的年紀。

戴爾勉強繼續教書，但心情也受到影響。他覺得洩氣，變得憂鬱，以前從未有那樣的感覺。他尋求心理諮詢，覺得自己肯定是哪裡不太對勁，因為這是他職業生涯以來第一次不喜歡工作。

戴爾告訴我，妻子覺得他不該貿然創業，他也認同她的想法，但顯然他的內心深處還是對創業躍躍欲試。他光是提到開家具店，整張臉就亮了起來，肢體語言也變了，心情為之一振。

我們談到他過去的冒險經歷，他說幾年前他曾經投資房地產，賠了不少錢。從此以後，他就不敢再冒任何財務風險了。經過幾次心理治療後，戴爾坦承他還是很想創業，但是光想到放棄穩定的工作就令他卻步。他對自己的木工技巧很有信心，但缺乏經商知識。我們討論他自學商管知識的步驟，他說他想去社區大學上商管課。他也說，他很樂於加入在地的商業聯誼會，甚至想找前輩指導他如何創業。戴爾想出一些可能幫他圓夢的方法後，持續評估創業的利弊。

幾週內，戴爾便做出決定：以兼職的方式創業。他打算利用晚上和週末的時間，在車庫裡製作家具。他已經有創業所需的大部分設備，但需要投資一點錢採購新物料。整體而言，他有信心以些許的投資成本創業。一開始沒有店面，他是透過網路及報紙廣告來販售家具。如果有很多人對他的家具感興趣，他會考慮日後開設店面，也許還可以辭去工藝老師的工作。

戴爾開始思考實現夢想的方法後，心情有了顯著的改善。經過幾次心理治療後，隨著目標的逐步實現，他的心情也持續轉好。我們約好一個月後再見面，只為了確定他的心情穩定。一個月後，他回來找我時，告訴我一個有趣的現象：他不僅開始為自己的事業製作家具，現在上起工藝課來也比以前起勁。他說，創業的前景似乎重新點燃了他指導工藝課的熱情。他打算繼續以兼職的方式製造家具，但已經不想辭去教學工作了。他現在總是興致勃勃地指導學生，他從創業中學到的新事物。

趨避風險

我們在生活中面臨許多風險，例如財務、健康、情緒、社交、商業風險等等。但一般人往往會避免幫他們充分發揮潛力的風險，因為他們對風險懷有恐懼。你是否有以下的情況：

□ 對生活中的重要決定猶豫不決。

□ 花很多時間想像你想做什麼，但不採取任何行動。

□ 有時你會衝動做出決定，因為考慮再三反而令你更加焦慮。

□ 你常覺得你可以投入很多冒險及令人興奮的事物，但恐懼使你停滯不前。

□ 你想冒險時，通常只想像最糟的情況，最後因此放棄不做。

□ 你有時讓別人幫你做決定，這樣一來，你就不必自己做決定了。

□ 你在某些領域會迴避風險（如社交、財務或健康方面），因為那些領域令你畏懼。

□ 你根據恐懼的程度做決定。如果你有點害怕，可能還是會做點事。如果你非常畏懼，則覺得冒險很不智。

□ 你覺得結果主要是看運氣而定。

不知道如何評估風險會讓人更加恐懼，擔心風險往往會導致我們迴避風險。但有些步驟可以幫你精確地評估風險，只要多練習，你的冒險技巧就會改善。

爲什麼會迴避風險

戴爾想像創業時，也想起以前冒財務風險投資，結果賠了不少錢。他對於再次冒險的看法非常負面，他想像自己因此破產，或是冒險退休去創業卻以失敗收場。那些誇張的負面想法造成恐懼和焦慮，使他無法採取行動。他從來沒想過他可以想辦法降低風險，增加成功的機會。

情緒凌駕邏輯

情緒沒有任何理性的基礎，我們卻常憑著一時的感受做決定。我們不思考「能做什麼」，而是惦念著「萬一……怎麼辦」，但冒險完全沒有必要衝動行事。

我的拉布拉多「小傑」很神經質，牠全憑感覺行動，所以牠很怕一些奇怪的東西，例如多數的地板材質。牠喜歡在地毯上走來走去，但你要是鼓勵牠走亞麻地板，牠死都不肯。牠覺得多數地板都很滑，擔心可能滑倒。

小傑就像很多人面對焦慮那樣，自己想出一套管理恐懼的對策。牠願意走過客廳的木質地板，但不願踏上走廊的磁磚。牠曾經站在走廊的遠端，哀叫數個小時，因為牠想到辦公室找我，卻又不想冒險踏上磁磚。我原本希望牠會覺得來找我是值得冒險的，但牠就是不敢。最後，我幫牠做了毛毯鋪道，現在牠在地板上行走時，都會小心地踩在鋪道上。

對於偶爾才造訪一次的其他房子，牠也有一套因應之道。林婆的母親家是鋪磁磚地板，牠去那裡時，是以倒退的方式進客廳。牠的狗腦袋顯然認為，在磁磚上倒退走就可以對付滑倒的恐懼。

有一次我和先生出遠門，把小傑交給我爸照顧，那個週末牠一直坐在門口的門墊上。有時候，小傑甚至不願踏進建築裡，必須有人抱牠進去，因為牠就是不肯踏上油氈。抱三十六公斤的狗去看獸醫並不容易，所以有時我們還得帶上一卷毛毯去幫牠鋪路。

小傑的恐懼通常會超越牠冒險踏上某些地板的渴望。不過，還是有例外，當踏上地板是為了食物時，他就願意冒險了。小傑以前從未進過廚房，因為廚房的地板是磁磚。但牠發現裡面擺了一盤食物時，興奮感就凌駕了恐懼。

幾乎每天，當小傑以為我們都沒有在注意時，牠會偷偷把一隻腳掌先放上廚房的地板，不久就變成兩隻腳掌，接著牠把身子盡可能地往廚房伸展。之後，牠會把三隻腳掌放在地板上，僅留一隻腳掌在地毯上，盡可能地往廚房裡探頭探身。有時牠會設法讓四隻腳掌都安全地踏上磁磚，想辦法搆到那碗食物。

我也不知道小傑是如何以肉眼判斷哪種地板「安全」、哪種「可怕」。儘管毫無邏輯可言，但牠顯然覺得那判斷很合理。

說來也許可笑，但人類也常以類似的方式評估風險。我們根據情緒做決定，而非根據邏輯。我們誤以為恐懼程度和風險大小有正相關。但我們的情緒往往不理性，如果我們真的知道怎麼計算風險，就會知道哪些事情值得冒險，也就不會那麼恐懼了。

我們不思考風險

為了計算風險，必須先預估行為造成各種正負面結果的機率，然後衡量那些後果的影響有多大。風險往往令人恐懼，因此人們乾脆不去思考風險或後果。在不瞭解冒險的潛在後果下，我們往往會迴避有風險的想法或夢想。

風險一開始是個思考的過程。無論是考慮買新家或決定要不要繫安全帶，都牽涉到某種程度的風險。你對風險的看法會影響你的感受，最後也會左右你的行為。你開車時，決定車速的快慢。開車上路時，你面臨安全和法律上的風險，你必須在風險和時間之間拿捏平衡。你開得愈快，在車內的時間愈短，但開快車也增加了出車禍及違規受罰的風險。

你不太可能為了上班的開車速度，花很多時間思考。你要不要遵守速限的規定，主要是看你平日的習慣。但某天你起晚了，就得決定要不要開快一點，究竟是要冒安全和法律上的風險，還是冒上班遲到的風險。

事實上，多數人不太花時間去評估要冒哪些風險，或迴避哪些風險。我們大都是根據情緒或習慣判斷，只要感覺太可怕，我們就會迴避冒險。如果潛在效益令人躍躍欲試，就比較可能讓人忽視風險。

害怕風險的問題所在

戴爾的孩子都大學畢業後，他想在人生中尋求更多刺激。但是一想到創業，就覺得自己好像是在毫無安全防護下跳落懸崖。戴爾並未仔細思考迴避風險對他造成的情緒影響，不去圓夢令他沮喪，因為那改變了他對自己的想法，也波及他對教學的熱忱。

不審慎冒險，難以成大事

奧斯馬·安曼（Othmar Ammann）是瑞士出生、後來移民美國的工程師。他一開始在紐約的港務局當首席工程師，七年內就升任為工程長。就各方面來說，他的工作都很重要。

不過，安曼從懂事以來，一直夢想成為建築師。所以，他後來辭去人人歆羨的工作，自己創業。後續幾年，安曼設計了一些美國著名的橋梁，包括韋拉札諾海峽大橋（Verrazano-Narrows）、德拉瓦州紀念橋（Delaware Memorial）、華特惠特曼橋（Walt Whitman）。他的設計能力，以及創造精緻、複雜、宏偉結構的能力，為他贏得了許多獎項。

更了不起的是，安曼轉換跑道時已經六十歲。他持續發表建築傑作，直到八十六歲。在多數人不想再冒險的年紀，安曼以審慎冒險的方式實現夢想。如果我們只冒自己最放心的風險，很可能會錯過一些絕佳的良機。一生平凡和一生非凡之間，往往差別就在於是否審慎冒險。

情緒干擾邏輯性選擇

你踏進車流時，應該會對左右來車有些恐懼。那恐懼提醒你，過馬路以前，應該先看一下左右狀況，以降低被車子撞到的風險。你要是毫無畏懼，可能會直接衝過馬路。但我們的「恐懼量表」不見得可靠，有時即使毫無危險，恐懼量表上依舊顯示著數字。感到恐懼時，行為通常會跟著改變，誤以為「既然會怕，肯定是太危險了」。

多年來，我們針對很多東西提出危險警訊，例如殺人蜂、狂牛症。我們似乎經常聽到許多有關危險的統計數據、研究結果和警告，導致我們難以解讀實際生活的危險程度。以癌症的研究為例，有些研究估計近四分之一的人是罹癌過世。其他報導則警告，幾年內，會有一半的人罹癌。這類統計可能令人心慌，往往會產生誤導。仔細研究這些數字會發現，生活健康的年輕人罹癌的機率，比年紀較大、超重又吸菸的人低。但是經常受到這些駭人統計數字的疲勞轟炸，有時很難客觀看待自己的風險。

清潔用品的廠商費盡心思想要說服我們，我們需要使用強勁的洗潔劑、洗手乳、抗菌肥皂，才能避免細菌感染。媒體報導，廚房流理台的細菌比馬桶蓋還多，同時呈現細菌在培養皿中迅速繁殖的影像。害怕細菌的人一聽到這類警訊，便採取激烈的手段抗菌，天天以腐蝕性的化學物質清理居家環境，反覆以抗菌產品洗手，以拳頭相碰取代握手以減少病菌的散播。但是這種抗菌方法可能弊大於利。事實上，研究顯示，消滅太多細菌反而會降低免疫力。約翰霍普金斯兒童中心的研究發現，接觸細菌、寵物和齧齒動物的皮屑、蟑螂過敏原的新生兒，比較不會得氣喘和過敏。恐懼導致很多人誤以為，細菌的風險比它們的實際危害還大。但在現實世界裡，無菌的環境對我們的健康可能威脅更大。

你應該注意決策過程中的情緒。感到悲傷時，你可能會預期失敗和風險；感到快樂時，你可能會不顧風險，勇往直前。有一項研究甚至顯示，害怕跟風險毫無關係的事物可能會影響決定。工作壓力大時，如果你考慮買房，會覺得買房的風險比較大。我們往往不善於區分影響感覺的不同因素，容易把一切因素都混為一談。

評估風險與降低恐懼

戴爾從來不曾想過，他沒有必要貿然創業。他開始找出降低破產機率的方法後，就鬆了一口氣，比較能夠理性思考如何實現創業的夢想。顯然，他有可能永遠賺不回創業的投資，但是徹底思考後，他覺得那是他願意審慎承擔的風險。

平衡情緒與邏輯

別誤以為焦慮程度是幫你決定風險高低的因素，你的感覺可能不可靠。你的情緒愈多，愈無法進行邏輯性思考。面對風險時多做理性思考，可以抵銷情緒反應。

許多人很怕搭飛機，這種恐懼往往是源自於缺乏掌控感。飛機是由機師掌控，而不是乘客掌控，缺乏掌控感令人恐懼。很多人寧可自己開長程的汽車，也不想搭飛機。但他們純粹是根據情緒、而非邏輯，做出開車的決定。理論上，根據統計，車禍身亡的機率約五千分之一，墜機身亡的機率約一千一百萬之一。

既然要冒險，又牽涉到個人的生死，難道不該選對你比較有利的機率嗎？不過，多數人是選比較不會引發焦慮的選項。注意你對冒險的看法，確定你是根據事實，而非光憑感覺做決定。

多數研究顯示，我們不善於精確計算風險。驚人的是，許多人生的重大抉擇完全是非理性的：

● **我們誤判自己對局勢有多少掌控力。**我們覺得掌控力大時，比較願意冒較大的風險。例如，很多人在駕駛座上比較放心，但是坐駕駛座不見得就能避免車禍。

●**有安全防護時，我們反而掉以輕心**。有安全防護存在時，我們行事較為魯莽，那反而提高了風險。繫上安全帶以後，開車速度通常會比較快。保險公司也發現，車上的安全防護功能增加和事故發生率有正相關。

●**我們分不清技巧和運氣的差別**。賭場發現，賭博的人玩擲骰子時，會因為需要擲出的數字不同而有不同的擲法。他們需要擲出高點數時，動作比較用力；需要擲出小點數時，動作比較輕柔。即使擲骰子是機率遊戲，但從他們的行為看來，那好像涉及某種程度的技巧似的。

●**我們受到迷信的影響**。企業領導者穿幸運襪，或一般人出門前先看一下本日星座運勢，都顯示出迷信影響我們冒險的意願。平均而言，十三號星期五搭機的人數少一萬人，那天到動物收容所領養黑貓的人也比較少。研究顯示多數人覺得把手指交叉可以增加好運，事實上，那完全無法降低風險。

●**看到潛在收益很大時，我們容易樂昏頭**。即使機率對你不利，只要你真的對潛在效益很感興趣，例如樂透彩，你可能會高估中獎機率。

●**熟悉就比較放心**。愈常冒險，愈容易誤判實際的風險高低。如果你一再冒同樣的風險，久而久之就習以為常了。如果你天天飆車上班，你會大幅低估上路的風險。

●**我們太相信別人評估風險的能力**。情緒可能有感染力，如果身邊的人對於煙味毫無反應，你可能不會察覺有地方失火了。相反的，如果大家開始驚慌，你也比較可能跟著慌張起來。

● **媒體可能影響我們對風險的觀感。**如果你經常聽到罕見疾病的報導，即使新聞報導只是獨立事件，你仍然會覺得自己感染的機率較高。同理，天災或悲劇的報導可能讓你誤以為，你遭逢災難的風險比實際高。

降低風險，提高成功機率

每年我的高中舉行畢業典禮時，都會請畢業生代表上台發表感言。高三那年過一半時，我得知我就是應屆畢業生的代表，我對演講的恐懼凌駕了全年級成績最好的喜悅。我非常膽小，即使同班同學都是我從幼稚園時便認識的朋友，我連上課也不敢發言。一想到要站在講台上，對著滿場的人演講，我就腿軟。

我開始寫演講稿時，不知從何處下筆，面對全場演講的恐懼令我失神，但我知道我非得寫出東西不可，因為時間不多了。

「想像聽眾穿著內衣」、「練習在鏡子前讀稿」等意見都無法安撫我，我嚇死了。所以我花了一些時間，思考我對演講的最大恐懼是什麼，原來我是擔心觀眾反應不佳。我一直想像我講完後，現場陷入一片沉靜，因為他們完全聽不懂我講什麼，或是我講得太糟了，大家都不想鼓掌。為了降低風險，我和幾位好友討論，他們幫我想了一個很棒的對策。

那個對策幫我降低了風險，紓解了緊張，讓我終於把講稿寫出來了。幾週後的畢業典禮，我站在講台上，緊張得要命。我對著現場同學提出十八歲的建議，從頭到尾的聲音都走調了，但我終於撐完全場。我講完時，幾位朋友照著原訂計畫，起身為我鼓掌喝采，彷彿剛剛看了全球最棒的搖滾演唱會一樣。會場上有幾個人起身鼓掌時，會發生什麼情況呢？其他人也跟進鼓掌，我因此獲得了滿場的喝采。

那是我努力掙來的嗎？可能不是，但如今那已經不重要了。重點是，我知道只要我能消除最大的恐懼（沒人為我鼓掌），就能撐完整場演講。

你在某種情況下承擔的風險高低程度，全看你個人的情況而定。有些人覺得對大眾演講是風險，有些人覺得不是。自問以下的問題可以幫你衡量風險高低：

- **潛在成本是多少？**有時冒險的代價是具體的（例如投資的金額），有時冒險的代價是無形的（例如觀眾反應冷淡）。
- **潛在效益是多少？**思考冒險可能產生的正面結果，看運氣好時會發生什麼事，你有機會增加財富嗎？人際關係變得更融洽？身體更健康？若要冒險，潛在效益必須比潛在成本高才行。

- **這有助於目標達成嗎？**你需要檢討更大的目標，看這次冒險是否有益於目標達成。例如，如果你的目標是累積更多的財富，你可以衡量創業如何幫你達成致富的目標。
- **有什麼替代方案？**我們分析風險時，有時會覺得我們只有冒險或放棄兩種選擇。事實上，還有很多其他的機會可以幫你達成目標。你應該找出那些潛藏的替代方案，以便做出完善的決定。
- **如果最佳情境成真，那結果有多棒？**花點時間思考冒險的效益，以及那效益對生活的影響。針對最佳情境可能帶來的效益，做出務實的預期。
- **最糟可能發生什麼事，我如何降低風險？**思考最糟的情境，接著思考降低風險的對策也很重要。例如，你想投資某個事業，如何提升事業成功的機率。
- **萬一最糟的情境發生了，後果會有多糟？**就像醫院、城市、政府都有災難應變計畫一樣，你也可以自己規劃一套應變措施。
- **這個決定對未來五年的影響有多大？**為了客觀評估，自問這個風險對你的未來可能有多大的影響。如果風險很小，也許幾年後你就會忘了這件事。如果風險很大，則可能對未來產生很大的衝擊。

寫下上述問題的答案，以便檢討、反覆研讀，可能會有幫助。當你沒有事實可幫你妥善評估風險時，應該多做研究，盡量取得資訊。找不到更多資訊時，一定要以手邊的資訊做出最佳決定。

練習冒險

阿爾伯特·艾利斯（Albert Ellis）過世以前，二〇〇七年《今日心理學》（*Psychology Today*）把他評選為「世上最卓越的心理學家」。艾利斯以教導大家如何質疑自我挫敗式的想法和信念聞名，他不只教導原則，更身體力行。

艾利斯年輕時非常害羞，很怕跟女性說話。他擔心自己遭到拒絕，所以不敢約任何女人出去。但最後他知道遭到拒絕不是世界上最糟的事，因此決定面對恐懼。

他每天去當地的植物園，持續了一個月。每次看到有女人獨自坐在長椅上，他就坐到她旁邊，逼自己在坐下一分鐘內主動攀談。那個月，他遇到一百三十位女性，其中三十位在他坐下來以後，馬上起身離開。但他和剩下的那一百位都說到話了，這一百位邀約的對象中，只有一人答應他的約會要求，不過她後來爽約了，但艾利斯並未絕望。那讓他更加堅信，即使他怕遭到拒絕，還是能夠承受風險。

艾利斯藉由面對恐懼，確定是不理性的想法害他畏懼冒險。瞭解這些想法如何影響他的感受，讓他日後研究出新的治療技巧，幫其他人質疑他們的非理性思維。

你可以像艾利斯那樣追蹤冒險的結果，注意你冒險前、中、後的感覺。接著，問自己發現了什麼，以及如何把那些發現應用到未來的決定上。

審慎冒險使你更堅強

英國維珍集團（Virgin Group）的創辦人理查．布蘭森（Richard Branson）以愛冒險著稱。畢竟，不勇往直前，是不可能擁有四百家公司的，他的審慎冒險為他帶來了不少效益。

幼年時期，布蘭森在學校適應不良。他有閱讀障礙，成績不佳，但他並未讓那些問題侷限自己。青少年時期他就開始創業，十五歲時便做起鳥類繁殖生意。

後來他又開了唱片行、航空公司、行動通訊公司，事業迅速擴大，如今整個企業王國的淨值約五十億美元。雖然他可以坐下來享清福了，但布蘭森喜歡每天持續挑戰自我及旗下的員工。

布蘭森在為《企業家》（*Entrepreneur*）雜誌裡撰文時寫道：「在維珍，我用兩種方法幫團隊擺脫慣性：破紀錄和打賭。冒險是測試自己和團隊的好方法，也讓人在歡樂的同時挑戰極限。」他確實挑戰極限了。別人說做不到的事情，他的團隊開發出來了；別人宣稱不可能的任務，他們破紀錄了；他們也接受別人不敢嘗試的挑戰。不過，在整個過程中，布蘭森承認他的風險都是「策略性判斷，而非盲目賭注」。

成功不會自己送上門來，需要你去追求。踏入未知領域審慎冒險可以幫你圓夢，達成目標。

解惑及常見陷阱

追蹤你的冒險類別以及你對風險的感受。此外，也注意你放棄哪些機會。那樣做可以確定，即使風險帶給你一些焦慮，那些都是最有利的冒險。切記，審慎冒險需要練習，但是熟能生巧，你會因此學習成長。

實用技巧

注意冒險的情緒反應。
找出挑戰性特別高的風險類型。
找出影響決策的不理性想法。
主動探索事實真相。
決策前先花點時間估算每種風險。

練習冒險並追蹤結果，以便從每次冒險中學習。

當心陷阱

根據感受決定是否冒險。
迴避挑起最大恐懼的風險類別。
放任不理性的想法，影響你嘗試新事物的意願。
忽略事實，或是在缺乏資訊下做出最佳抉擇時，不想費心去深入瞭解。
衝動行事，不花時間權衡風險。
不願承擔令你不安的風險。

7

13

不沉湎於過往

沉浸於往昔無法療癒傷痛，唯有活在當下才是良方。

——瑪麗安．威廉森（Marianne Williamson，美國知名心靈導師、作家）

葛洛麗雅是一位五十五歲的勤奮女性，她告訴醫生，她覺得壓力很大，醫生把她轉來我這裡做心理諮詢。她的女兒二十八歲，最近搬回來和她同住。女兒從十八歲搬出去後，已經搬回來至少十幾次了。她通常在結識新男友幾週後，就搬去和男友同居。但戀情總是難以持久，最後又搬回來和她同住。

葛洛麗雅的女兒處於無業狀態，也不積極找工作，整天看電視和上網，也不幫做忙家務，連自己的餐具也不洗。葛洛麗雅說，她覺得自己好像在提供旅館和女傭服務，但她還是隨時歡迎女兒回來同住。

她覺得給女兒一個安身之所，是她至少還能做到的事。她未給女兒該有的童年，她也坦言自己不是稱職的母親。她和先生離婚後，和很多男人交往，其中有很多人都不是好模範。葛洛麗雅現在知道，她以前太沉迷於酒精和約會，忽略了親子教養。她覺得那些錯誤導致女兒現在也活得很辛苦。從一開始就可以明顯看出，葛洛麗雅對於教養方式的懊悔，導致她現在放任女兒至此。葛洛麗雅的壓力，主要是因為她對女兒不成熟的行為感到焦慮。她擔心女兒的未來，希望她能找到工作，獨立生活。

我們談得愈多，葛洛麗雅愈發現懊悔和內疚感導致她現在難以成為稱職的母親。她想要繼續前進，為女兒著想，就必須先原諒自己，不再沉湎於過去。我問她，以目前的狀況來看，女兒某天突然覺悟，開始為自己的行為負責，有多大的可能性。她說不可能，她也不知道該怎麼辦。

後續幾週，我們探索葛洛麗雅如何看待過去。每次想到女兒的童年，她就覺得「自己很糟糕，沒把女兒的需求擺在首位」，或「女兒今天有那麼多問題都是我的錯」。我們探討她的想法，慢慢地，她發現自責影響了她現在對待女兒的方式。

葛洛麗雅逐漸接受了以下的現實：她雖然不是稱職的母親，但現在仍為此懲罰自己，也無法改變過去。她也發現，她目前對待女兒的方式，不僅無法補償過去，還促成了女兒的自毀式行為。

葛洛麗雅轉換心態後，為女兒訂了一些規矩和限制。她告訴女兒，她必須積極找工作才能繼續和她同住。她願意給女兒一些時間自立自強，但兩個月後，如果還想繼續住在家裡，就要付房租。對於葛洛麗雅的新規矩，女兒起初很不滿，但幾天內她就開始找工作了

幾週後，葛洛麗雅來找我，自豪地宣布女兒找到工作了，而且那份工作跟她

以前的工作不一樣，這次可能會變成職業。她說女兒開始做那份工作後，出現很大的改變，經常談論未來的抱負。葛洛麗雅尚未完全原諒過去的自己，但她知道，比起當不稱職的家長十八年，更糟的是再繼續維持原狀十八年。

陷在過去

有些人會沉湎於多年前發生的事，有些人則是一直惦念著上週發生的事，你是否有以下的情況？

- □ 你希望按下倒回鍵，讓某段經驗重新來過。
- □ 過去的遺憾令你難以釋懷。
- □ 你花很多時間思考，要是當初做出稍微不同的選擇，人生會變成怎樣。
- □ 你有時覺得人生最好的時光已經過了。
- □ 你腦中反覆浮現過去的記憶，就像電影的場景一再重播。
- □ 你有時會想像自己在過去的記憶中有不同的言行，以塑造不同的結果。
- □ 你懲罰自己或說服自己相信，你不值得擁有幸福。
- □ 你為過去感到羞愧。
- □ 你犯錯或出糗後，腦中仍反覆浮現那個場景。
- □ 你花很多時間思考，你本來「應該」或「可以」換成什麼不同的方式。

自省是健康的，但沉湎於過去則有害，阻礙你享受當下及規劃未來。你不需要陷在過去，可以選擇活在當下。

爲什麼會沉湎於過去

女兒常利用葛洛麗雅的內疚感來操弄她，提醒她以前女兒還小時，她對女兒疏於照顧。女兒那樣做讓葛洛麗雅更加懊悔，她心想，如果女兒都還沒原諒她，她怎麼能原諒自己？葛洛麗雅把那種經常出現的內疚感，視為自己對過往錯誤的懺悔，所以一直沉浸在過去中。

很多感受會讓你陷在過去，動彈不得，揮之不去的內疚感、羞愧和憤怒是其中幾種。你可能潛意識想著：**只要我繼續處在這種悲慘狀態中，時間久了，我終究會原諒自己。**你可能沒發現，你內心深處不認為你值得享有幸福。

害怕前進使人想一直待在過往

我母親過世兩週後，我父親的房子失火了。那場火發生在地下室，但濃煙和黑色的煙灰瀰漫了整間屋子。保險公司雇用的人員必須徹底清理屋內的一切，我母親的遺物都交給了這些陌生人處理，令我難以釋懷。

我本來希望母親的遺物永遠留在她生前擺放的位置，她的衣服以她排列的方式繼續掛在衣櫥裡，她的聖誕裝飾按照她收納的方式擺在盒子裡。我希望多年以後，打開她的珠寶盒，還能看到她最後如何擺放那些首飾。但我們已經失去那些奢求了，現在一切都重新擺放過，她的衣服不再聞起來像她的，我甚至無從得知她生前最後看哪本書。我們再也無法以我們的步調來整理她的遺物。

幾年後，林璺過世時，我也希望一切東西都在時空中維持不變。我心想，如果我能細探他把衣服掛在衣櫃裡的方式，或知道他閱讀書籍的順序，就能更瞭解他，即使他早就離世了。我以為東西只要搬動、丟棄或整理，就會失去研讀重要跡象的機會，那些跡象可能讓我對林璺有更多的瞭解。

我當時的作法彷彿認為，只要確定有更多的事情可以探索，就能把林璺留在身邊。也許是一張留著筆記的廢紙，又或者，我可能找到沒見過的照片。我想塑造包含林璺在內的新記憶，即使他早已離開人世。我們在一起六年，但我覺得不夠，我還沒準備好放棄任何讓我想起他的東西。我以為把我不再需要的遺物清除，也會忘了他，我並不希望那樣。

我想讓一切事物冰封在時空中維持不變，但那個意圖並未成功。顯然，世界仍繼續運轉。在那幾個月期間，我逐漸放棄堅持，不再像裝入時空膠囊那樣固守一切。漸漸地，我安慰自己，扔掉一些帶有林壑筆跡的東西沒什麼大礙。我也開始清除他訂閱的雜誌，那些雜誌在他離世後仍持續寄到信箱裡來。但我不得不承認，我花了兩年才終於扔掉他的牙刷。我知道他已經不需要了，但不知怎的，我總覺得扔掉它幾乎像是一種背叛。沉浸在過去似乎比較令人心安，因為林壑以及我對他的記憶都活在過往。但是繼續陷在裡頭，讓世界繼續改變與前進，並不健康，也毫無助益。我必須相信，繼續前進並不會使我忘記任何美好的回憶。

身為心理治療師，我幫別人培養理性思考，但是當我自己陷入悲傷時，還是產生了很多不理性的念頭，讓我想要沉湎於過去，因為林壑活在過去裡。但我要是把時間都拿來思考過去，永遠也無法再創造快樂的新記憶。

沉湎於過去以逃避現實

悲傷或悲慘的事件不只會使人陷在過去，有時我們老是想著過去，只是為了從當下轉移注意力。也許你認識某位四十歲的前高中四分衛，現在仍刻意穿上以前的隊服，談論「以往的輝煌歲月」。又或者，你有個三十五歲的朋友，已經當媽了，仍覺得以前當校花是人生最大的成就。我們常美化過去以逃避現實的問題。

例如，你對現在的戀情不滿，或沒有交往的對象，可能會花很多時間回想過去的戀情。你可能希望上一段戀情能復活，或你仍在想，要是和高中的戀人結婚，現在的狀況會更好。

人都會想去懷念「以往」的日子有多輕鬆或多愉快，你可能還會為了過去的決定所造成的現況感到懊悔，甚而說出：「我要是嫁給前男友，現在還是幸福的。」「要是我沒從大學輟學，就可以找到喜愛的工作了。」「要是我沒答應搬到新城市，現在仍過著好日子。」事實上，我們並不知道，當初做了那些決定，人生會變成怎樣。只不過，想像我們要是能改變過去，人生會變得更好，比較簡單容易。

沉湎於過往的問題所在

葛洛麗雅無法把女兒視為有能力的成年人，她只看到自己犯下的錯誤。內疚感使她無法活在當下，因此放任女兒展現不負責任的行為。不幸的是，女兒也步上她的後塵，犯下同樣的錯誤。沉湎於過去不只讓葛洛麗雅難以充分發揮潛力，也阻止女兒成為負責的成人。

沉溺於過往也無法改變已經發生的事。浪費時間想既定的事實，只會導致未來發生更多的問題。沉浸於過往可能以下列的方式阻礙你展現最佳的自我：

- **你錯過當下**。老是想著過去，就無暇享受當下。你會錯過新機會，也難以盡興體會當下的歡欣。
- **沉湎於過去就無法充分準備未來**。老是惦記著過去，就無法清楚定義目標，或維持改變的動力。
- **沉湎於過去干擾決策能力**。過去未解決的問題會干擾你現在的思維。無法克服過去的羈絆，就無法為現在做出最好的決策。
- **沉湎於過去無濟於事**。腦中不斷浮現同樣的場景，惦記那些你再也無法掌控的事物，並無法解決問題。

● **沉湎於過去可能導致憂鬱**。反覆思索負面事件只會讓人產生負面情緒。當你感到悲傷時，更有可能想起更多悲傷的回憶。沉湎於過去可能是一種惡性循環，讓你陷在同樣的情緒裡難以解脫。

● **美化過去，總覺得過去比較美好，毫無助益**。我們很容易說服自己相信，過去比較快樂、比較有自信、完全無憂無慮；但很可能你誇大了過去的美好，那也可能讓你誇大現在的情況有多糟。

● **沉湎於過去不利於健康**。二〇一三年俄亥俄州大學的研究顯示，老是想著負面事件會增加身體的發炎狀況。沉浸於過去，罹患心臟病、癌症、老年癡呆症等疾病的風險都會增加。

避免過去阻礙你前進

當葛洛麗雅發現，她可以從過去記取教訓，而不是只會責怪自己以後，想法就變了。她開始改變行為及對待女兒的方式，這幫她瞭解過去的錯誤其實為她的親子教養上了寶貴的一課。兩三個月內，她找出以前教養上的錯誤，而不再滿心慚愧不安。

改變思維

沉湎於過去一開始是一種認知的過程，但最後影響了你的情緒和行為。只要改變你對過去的看法，就能繼續前進。

● **安排一個時間思考過去的事件**。有時大腦需要釐清事情，你愈是告訴自己別去想它，那件事愈有可能在腦中揮之不去。與其壓抑記憶，你可以提醒自己：**我可以等晚餐過後再想**。接著，晚餐過後，給自己二十分鐘思考那件事。過了二十分鐘，就去做別的事。

● **讓自己想別的事情**。規劃一套計畫幫你想別的事情。例如，每次想起沒錄取的工作，就轉移注意力，思考下次的假期。如果你每晚睡前很容易沉浸在負面事物中，這招特別有效。

● **建立未來的目標**。規劃未來時，不太可能一直想著過去的事。建立短期和長期的目標，接著規劃達成目標的行動步驟，那會給你一些期待的東西，也避免你老是惦記著過去。

我們的記憶其實不像我們自以為的那麼精確。我們回想起不愉快的事件時，常會把它誇大，想得很悲慘。如果你想起開會時你講過某件事讓你事後懊悔不已，你可能會把別人的反應想得比實際還要負面。每次想起負面記憶時，你可以用以下的對策幫你維持客觀的觀點：

● **專注於記取的教訓**。如果你吃了不少苦，把焦點放在你從那次經驗中學到什麼。接受事情已經發生了，想想你可能因此脫胎換骨，沒必要把事情想得那麼糟。也許你之前吃了虧，悶不吭聲，現在你學會勇敢說出來。或者，你學到想要維繫關係，就要誠實。有些最好的人生經驗是從逆境中學習的。

● **思考事實，而非情緒**。思考負面事件可能令人沮喪，因為你只想到當時的感受。但如果你回想整件事的事實和細節，比較不會那麼難過。不要老是想著你參加喪禮時的情緒，而是回想你當時的座位、穿著、現場人士的相關細節。抽離事件的相關情緒時，比較不會一直沉浸在裡頭。

● **從不同的角度看整個情況**。回顧過往時，檢討一下還有什麼方式可以看待同一狀況。你可以自己決定敘事方式，同一件事可以有多種說法，但依舊半點不假。如果你目前的講法令人難過，思考還有什麼別的講法。例如，葛洛麗雅可以提醒自己，女兒現在的選擇並非完全和她的童年相關。葛洛麗雅應該可以看出，即使她犯過一些錯，她也無需對女兒現在的選擇負責。

與過去和解

詹姆斯・巴利（James Barrie）六歲時，十三歲的哥哥大衛在溜冰意外中不幸身亡。他的母親生了十個孩子，但大家都知道大衛是她最寵的孩子。大衛過世後，她悲痛欲絕，幾乎快活不下去。

六歲的巴利竭盡所能安撫母親的悲痛，甚至想辦法遞補母親心中那塊大衛的空缺。他穿上大衛的衣服，學習像大衛那樣吹口哨。他變成了母親的貼心伴侶，整個童年都極力討母親歡心。

儘管巴利想讓母親快樂，但母親常警告他，長大後的日子有多辛苦，叫他永遠不要長大，因為成年充滿了悲傷和不快。她甚至說，大衛永遠不會長大，不需要面對成年的現實狀況，這樣想讓她稍微安慰一些。

巴利為了討好母親，也想抗拒成熟，他尤其不想看到自己的年紀超過大衛過世的年紀。他想盡辦法一直當個孩子，那意念相當堅定，似乎也阻礙了身體成長，他的身高只勉強達到一五二公分左右。

巴利畢業後想當作家，但家人逼他繼續上大學，因為他們覺得大衛也會那樣做。於是，巴利想出折衷的辦法：他繼續上大學，但是選讀文學系。

巴利後來寫出膾炙人口的兒童文學作品《彼得潘》（又稱《長不大的男孩》）。那原本是劇本，後來改編成著名的電影，主角彼得潘在童年的天真與成人的責任之間掙扎，他決定繼續當個小孩，並鼓勵其他小孩也這樣做。以傳奇的童話來看，這是個令人愉快的兒童故事。但是當你知道作者的背景後，這段軼事顯得格外悲傷。

巴利的母親在大衛過世後無法走出悲傷，深信童年是最好的時光，現在和未來充滿了痛苦。她就是沉浸在過去的極端例子，讓往事干擾了孩子的幸福，不僅影響巴利的童年，也影響了巴利的成年。

我們對悲傷的誤解，可能導致我們決定活在過去。很多人誤以為你為某人悲傷的長短，和你對他的愛成正比。如果你對某人過世只感到一點哀傷，你可能難過幾個月。如果你深愛某人，可能會難過好幾年，甚至一輩子。但事實上，悲傷的長短並沒有「恰當」的時間。你可能悲傷數年，甚至一輩子，但悲傷程度並不等於你愛那個人的程度。

希望你對摯愛抱有很多珍愛的回憶，但是想要向前邁進，就必須積極為自己創造新的記憶，為自己做最好的決定，不能老是做別人希望你做的事。

當你發現自己惦念著過去時，可能需要積極和過去和解，以下是和過去和解的方法：

- **允許自己向前邁進**。有時你只是需要允許自己繼續前進。展望未來，不表示你就必須拋除對摯愛的回憶，而是指做你該做的事，享受當下，充分擁有往後的人生。
- **瞭解沉湎於過去、不向前邁進的情緒傷害**。有時緬懷過去在短期有效，但長期無效。思考過去時，你會暫時擱下現在，但長期而言，那會產生後果。當你只關注過去時，想想你會錯失生活中的哪些事。
- **練習寬恕**。老是想著過去的傷痛和憤怒，可能是因為你無法原諒自己，也可能是因為你無法原諒別人。無論是哪種情況，寬恕都可以幫你走出傷痛。寬恕不是要你忘記發生過的事，例如，要是有人傷了你，你可以寬恕他，但還是決定不再往來。選擇寬容，就不會再滿心傷痛或滿腔怒火。
- **改變讓你陷在過去的行為**。如果你怕勾起不愉快的回憶，或覺得自己沒有資格做某些事，老是迴避某些活動，你可以考慮放手去做。你無法改變過去，但可以選擇接受它。既然犯了錯，你無法扭轉時間回頭改正或消除錯誤。你也許可以嘗試想辦法彌補一些傷害，但無法改變既定的事實。
- **必要時尋求專業協助**。有時創痛可能導致心理失衡，例如創傷後精神壓力障礙。

瀕死體驗也可能讓人腦中不斷閃過那次危機及做噩夢，使人難以跟過去和解。專業諮詢有助於紓解創痛記憶的壓力，讓你更順利地走出痛苦。

與過去和解使你更堅強

薇諾娜．沃德（Wynona Ward）在佛蒙特州的鄉間成長，家境貧困。她家也像當地許多家庭一樣，家暴頻傳。沃德的父親常虐待及性侵她，她也常看到父親毆打母親。醫生幫她母親治療傷口，鄰居也都聽到他們的尖叫聲，但沒有人出面阻止。

沃德不曾對外透露家裡的問題，她埋首於學業，在校表現優異。十七歲時，她離開家，結了婚，和先生一起擔任長程運輸的卡車司機。

開著卡車行遍全美十六年後，沃德得知哥哥虐待家人，這時她突然覺得自己應該做點什麼。於是她決定重返校園，阻止這種世代循環的家暴。

她進入佛蒙特大學就讀，先生開卡車時，她就在車上讀書。她完成大學的學位後，又進佛蒙特法學院深造。拿到法學院碩士時，她運用一小筆補助金創立「行動正義」（Have Justice Will Travel）組織，為鄉間有家暴問題的家庭服務。

沃德為鄉間的家暴受害者擔任免費的法律顧問，她也介紹他們使用一些適合的社會服務。由於許多家庭缺乏資源或交通工具前往律師事務所，所以沃德親自上門，為他們提供教育和服務，幫他們阻止世代循環的家暴狀況。沃德並未沉浸在可怕的過往中，她決定把心力用來幫助現在受難的人。

拒絕沉浸在過去，不是叫你假裝往事從未發生過。事實上，那往往是指接納過去，這樣你才能活在當下。接納過去以後，你就能釋出心力，根據你想變成的樣子、而不是過去的樣子來規劃未來。只要一不小心，憤怒、羞恥、內疚就有可能毀了你的生活。放下那些情緒可以幫你重新掌握人生。

解惑及常見陷阱

老是看著後視鏡，就看不到擋風玻璃前面的狀況。陷在過去，只會阻止你享受未來。一旦發現自己沉浸於過去時，就採取必要的行動療癒傷痛，以便繼續前進。

實用技巧

反省過去時，只要做到記取教訓就好了。
繼續邁向未來，即使痛苦還是要做。
積極療傷止痛，以便把焦點轉到現在，規劃未來。
思考負面事件時，思考事件發生時的事實，而不是情緒。
想辦法與過去和解。

當心陷阱

假裝往事不曾發生。

阻止自己繼續往前邁進。

老是想著自己失去了什麼，無法活在當下。

腦中一再浮現痛苦事件，只想到當時你的感受。

想讓過去重來，或彌補過去的錯誤。

8/13

不重蹈覆轍

唯有我們無法從中學習的錯誤，才是真正的錯誤。

——約翰·鮑威爾（John Powell，英國電影配樂作曲家）

克麗絲蒂來找我做心理治療時，一開始就說：「我有大學學歷，也知道不能對我的同事大吼大叫，為什麼我就是忍不住對孩子吼叫呢？」每天早上，她都承諾不對兩個正值青少年時期的孩子大吼，但是幾乎每天晚上，她還是會扯開喉嚨，至少對一個孩子吼叫。

她說，她之所以吼叫，是因為孩子不聽話，讓她很沮喪。最近，孩子幾乎都聽不進她的話了。十三歲的女兒常拒絕做家事，十五歲的兒子不用心寫作業。每次克麗絲蒂上了一整天的班，回家看到兩個孩子看電視，玩電動玩具，她叫他們快去做事，孩子只會頂嘴，克麗絲蒂只好又開罵了。

克麗絲蒂顯然知道對孩子大呼小叫不好，只會讓情況惡化。她認為自己是聰明人，職場上表現優異，所以很意外自己為什麼搞不定孩子。

克麗絲蒂利用幾次治療的時間，檢討她為什麼一再犯下同樣的錯誤。她發現她真的不知道除了吼叫以外，還能怎麼管教孩子。除非她知道有什麼替代方案，否則吼叫的習慣難以停止。我們討論了幾種因應叛逆行為的對策，克麗絲蒂決定先提出警告，要是孩子不聽使喚，就讓他們吃苦頭。

她也需要學習辨識自己開始動怒的狀況，以便在大吼之前先抽離狀態。她的問題似乎在於，她只要失去冷靜，就馬上忘了管教子女的理性想法。

我進一步與克麗絲蒂合作，幫她以新的方式思考管教。她剛來找我時，坦承她認為要求孩子聽話是她的責任，因為孩子不聽話就表示他們贏了，但這種管教方式總是事與願違。克麗絲蒂拋棄那種親子爭權的想法後，對於管教有了全新的觀點。孩子要是不願聽她的話，她就直接沒收他們的電器用品，逼他們就範。

克麗絲蒂經過一些練習以後，才改變管教策略。有些時候她還是忍不住大吼大叫，但現在她多了另類的管教對策。每次她發現自己故態復萌時，就檢討觸發的因素，找出對策，以避免下次又大呼小叫。

屢錯屢犯

我們都希望自己第一次犯錯時就記取教訓，但事實上，每個人偶爾都會重複犯錯，那是人性的一部分。犯錯可能是言行舉止上的錯誤，例如遲到；或是認知上的錯誤，例如，老是以為別人不喜歡你，或從不提前規劃。有人可能會說：「下次我不會再妄下結論了。」但只要一不小心，還是可能犯下同樣的認知錯誤。你覺得以下幾點很眼熟嗎？

□努力邁向目標時，常發現自己卡在同一點。
□遇到障礙時，不多花點時間找新的方法加以克服。
□你覺得戒除惡習很難，因為你一再故態復萌。
□你不多花點時間分析，為什麼你追求目標都不成功。
□你因為戒不了壞習慣而氣自己。
□你有時會說：「我以後不再犯了。」但之後還是一而再、再而三地重蹈覆轍。
□有時覺得學習新的作法太費神了。
□你常對自己缺乏自律感到沮喪。
□你一感到不安或煩躁，改變作法的動力就消失了。

你是否對上述幾點很有共鳴？有時我們就是無法一次學乖，但有些步驟可以幫我們避免一再犯上阻礙我們達成目標的錯誤。

爲什麼重蹈覆轍

克麗絲蒂雖然無奈，卻從未真正想過，她為什麼會大吼大叫，或是哪種替代方法更有效。起初，她對於新的管教方式感到遲疑，因為她擔心沒收孩子的東西只會更激怒他們，導致他們更叛逆。她需要先對自己的管教能力產生信心，才不會再犯同樣的錯誤。

有人說：「我以後再也不會那樣做了。」為什麼之後還是一再重複呢？因為人類的行為相當複雜。

長久以來，許多老師認為，如果讓孩子猜錯答案，孩子可能會一直記住錯誤的答案。例如，孩子猜4＋4＝6，他可能一直記得6是正確答案，即使有人糾正他，還是改不過來。為了避免這種情況，老師一開始就給孩童正確答案，不讓孩童先思考後再猜。

時間快轉至二〇一二年，《實驗心理學期刊》上刊登一項研究，研究顯示只要研究參與者有機會得知正確的資訊，他們確實能從之前的錯誤中記取教訓。事實上，研究人員發現，孩童思考可能的答案時，即使答案不對，只要有人糾正錯誤，他們記住正確答案的機率也會提升。孩子就像大人，只要給他們機會，他們也可以從錯誤中學習。

儘管我們現在有研究證明，我們可以從錯誤中學習，但是要完全忘卻以前學到的錯誤很難。成長的過程中，你可能學到隱藏錯誤比面對後果更有利。而學校不是我們學習如何處理錯誤的唯一地方，媒體上呈現的名人、政客、運動員也想掩蓋他們的失誤。即使證據確鑿，有憑有據，他們還是撒謊，想以狡辯的方式否認他們有錯。當我們否認犯錯時，比較不可能檢討錯誤，真正去瞭解狀況或記取教訓，所以未來更有可能重蹈覆轍。我們都聽過「我堅持，決定不變……」這種說法，這是坦承行為，但並未承認錯誤，完全是自尊心作祟。

固執是使人屢次犯錯的一大原因。做錯投資決定的人可能會說：「我已經投入太多了，只能將錯就錯。」他不緊急停損，而是寧可冒更多的風險，因為他太過固執，不願停止。討厭工作的人可能會說：「我已經在這家公司投入十年的歲月，不想現在就走。」但是相較於在不健康的環境裡投入十年，比這更糟的是投入十年又一天。

衝動是使人重蹈覆轍的另一個原因。雖然「屢仆屢起」值得鼓勵，但是再重試之前，先瞭解你為什麼會仆倒比較睿智。

你覺得自己老是犯同樣的錯嗎？可能是因為你太安逸了。女人談了一段又一段的爛戀情，因為她只認識那些人。她可能繼續和社交圈裡有同樣問題的男人交往，因為她沒有信心去其他地方開發更好的對象。同樣的，男人可能壓力一大就開始喝酒，因為他不知道清醒時如何面對問題。為了避免錯誤，採取不同的方式，可能讓人感到不安。

有些人則是對成功非常不安，所以自砸陣腳。事情順利進行時，他們就開始焦慮，提心吊膽地懷疑還有「未爆彈」。為了紓解焦慮，他們又故態復萌，犯下同樣的錯誤。

重蹈覆轍的問題所在

克麗絲蒂知道，天天對孩子大吼大叫無濟於事。那無法教孩子如何有效解決問題，孩子還會誤以為大吼大叫是可以接受的行為。她愈常對孩子怒吼，孩子愈常頂嘴。你看過小狗追著自己的尾巴繞圈子嗎？重蹈覆轍就是那種感覺，你只會把自己累癱，但毫無進展。

茱莉來找我做心理治療是因為她很氣自己。去年她減了十八公斤，但過去六過月又漸漸胖了回來。這種事不是第一次發生，她反覆減肥又復胖十八公斤已經近十年了。她花了很多時間和心力減肥，但減去的肥肉總是完全歸隊，令她相當沮喪。

每次她減肥後就會鬆懈一些，允許自己每餐多吃一份，或是餐後吃冰淇淋。她也會找理由偷懶不去運動，不知不覺中，那些減去的體重就又回來了。她開始討厭自己，也納悶：「我怎麼連自己對待身體都掌控不了呢？」茱莉的情況絕非特例。事實上，統計顯示，絕大多數減肥的人，後來都復胖了。減肥很辛苦，為什麼有人會忍受減肥的痛苦，卻在減肥後放任自己胖回去？通常那是因為減肥者又犯下當初使他們超重的同樣錯誤。

重蹈覆轍會產生很多問題，例如：

- **達不到目標**。無論你是第五次減肥，或是第十次戒菸，你要是一再重複同樣的錯誤，就達不到目標。你會一直卡在同一點，無法前進。
- **問題不會解決**。那是惡性循環。你重複同樣的錯誤，問題延續下去，於是你更有可能繼續做同樣的事情。除非換個作法，否則永遠無法解決問題。
- **你可能對自己改觀**。你可能因為無法克服某個障礙，而開始覺得自己很無能或是個失敗者。
- **你可能不再那麼努力**。嘗試幾次不成功後，比較可能放棄。當你不再那麼努力時，就更不可能成功了。
- **看你一再重蹈覆轍的人，可能對你失望**。如果你老是遇到類似的問題，親友可能愈來愈厭倦你的抱怨。要是他們還得一再幫你解決問題，你屢次犯錯可能會破壞你和親友的關係。

●**你可能為自己的錯誤找藉口**。你不檢討自己的行為對進度的干擾，甚至可能推斷「反正你就是沒那個命」。想要減重卻一直復胖的人可能認定：「我就是骨架大，不可能永遠瘦下來。」

避免重蹈覆轍

為了掙脫大吼大叫的惡性循環，克麗絲蒂先檢討自己的管教方式，接著想出替代方案。她知道一開始孩子一定會挑戰她設下的新規定，所以她先規劃一套扎實的計畫，把自己的情緒先管好，如此才能避免在情緒失控下的不當管教方式。

研究錯誤

一八〇〇年代中期，羅蘭．梅西（Rowland Macy）在麻州的黑弗丘（Haverhill）開了一家織品店。店面是開在城裡安靜的地區，難以吸引訪客上門，顧客更是寥寥無幾，但他堅信那家店一定會獲得關注。但他錯了，不久那家店就快撐不下去了。為了吸引生意上門，他辦了一次遊行，裡面還有樂隊，以吸引大家到那個街區。遊行隊伍最後是停在他的店門口，接著是由一位來自波士頓的知名企業家上場演講。

不幸的是，當天極其炎熱，沒有人像梅西預期的那樣出門看遊行，那次行銷錯誤害他賠了不少錢，最後商店也關門大吉了。

不過，梅西從錯誤中汲取教訓，幾年後在紐約市中心開了「梅西織品店」，那是他四次創業失敗後開的第五家店。每次失敗都讓梅西學到新東西，等他開梅西織品店時，他已經學會很多經商技巧，成功地行銷。

梅西的百貨公司後來成為全球最成功的百貨事業之一。現在梅西百貨不像梅西第一次在酷暑中舉辦遊行那樣，而是每年在秋高氣爽的感恩節舉行。那遊行不僅吸引大批人潮上街，也在電視上播放，每年吸引超過四千四百萬名的觀眾收看。

梅西沒有為第一次創業失敗找藉口，相反地，他研究事實，為自己犯的每個錯誤負責。下次，他可以運用那些知識，採取不一樣的作法。

如果你想避免重複犯錯，可以花點時間研究錯誤。先把難過的情緒擱在一邊，確定是哪些因素導致失誤，並從中學習。尋找失敗的原因，而不是找藉口。你可以自問以下的問題：

●**什麼地方出錯了？**花點時間反省錯誤，想辦法查明發生了什麼事。也許你每個月預算透支，是因為你難以抗拒購物的慾望。也許你老是跟配偶為了同一件事而爭吵，是因為那個議題從未解決。檢討是什麼想法、行為和外在因素導致犯錯。

●**我怎麼改進？**反省情況時，找出可以做得更好的地方。也許是你堅持得不夠久，例如，你減肥兩週就放棄了。或者，你的錯誤是為自己不運動找藉口，所以你無法堅持有效的減肥運動。你應該老實檢討自己一番。

●**下次可以怎樣改變？**說你不再犯同樣的錯誤是一回事，實際做到又是另一回事。思考下次可以改換什麼方式，以避免犯下同樣的錯。找出避免你故態復萌的明確對策。

擬定計畫

我大學時曾在一家戒毒戒酒中心實習，裡面有很多患者都曾想辦法解決藥物或酒精濫用的問題。他們住進這家中心時，已是束手無策的狀態，厭倦了自己一再故態復萌。但是經過幾週密集的治療後，他們通常都會改變心態，開始對未來恢復希望，堅信這次他們不會重蹈覆轍。

但是，患者結束療程，離開戒癮中心以前，需要先規劃一套明確的出院計畫。那個計畫是為了幫他們在出院以後，對戒除癮頭維持同樣的正面展望。為了避免惡習死灰復燃，他們需要認真改變一些生活形態。

對多數人來說，那表示他們需要另找新的社交圈，不能回去跟有嚴重毒癮或酒癮的朋友相處。有些人也必須換工作，培養健康的習慣可能是指結束不健康的人際關係，或是把參加派對改成參加互助團體聚會。

每個人都要寫一份計畫，裡面包括幫他們遠離毒癮的資源和對策。遵循計畫的人，恢復正常的效果最好。恢復以前生活形態的人，通常容易癮頭復發，因為他們無法抗拒同樣的錯誤。回到過去的環境時，周遭有太多不健康的誘惑難以抵擋。無論你想避免哪種錯誤，成功的關鍵在於制定完善的計畫。擬定書面計畫可以增加你落實計畫的機率。

依照以下步驟擬定書面計畫，幫你迴避同樣的錯誤：

1. **以新行為取代舊行為。**不再借酒紓壓，而是找出替代方案，例如散步或打電話給朋友。判斷哪種健康的活動可以幫你避免不健康的行為。
2. **找出故態復萌的跡象。**注意壞習慣是否死灰復燃很重要。例如，你又開始刷卡消費時，可能消費習慣又失控了。

3. 想辦法讓自己負責。讓自己負責時，比較難以掩飾或忽略錯誤。找個願意監督你又值得信賴的親友來指出你的錯誤，可能有幫助。你也可以寫日誌或以行事曆記錄進度，來提升自己負責的機率。

練習自律

自律心不是非有即無的特質，每個人都有能力改善自律能力。拒吃洋芋片或餅乾需要自制力，運動也是，尤其是你毫無興致的時候。想要避免那些可能破壞進度的錯誤，需要時時自我警惕，下苦工。

努力提升自制力時，應該牢記以下幾點：

● **學習忍受不安。**無論你因一時孤獨而想傳簡訊給對你不好的前男友，或是渴望吃下破壞減肥計畫的甜食，你都應該學習忍受不安。儘管我們常以「破例一次沒關係」來說服自己，研究顯示那樣做毫無助益，每次破例都會降低自制力。

● **自我打氣。**務實的肯定，可以在一時心軟時幫你抗拒誘惑。例如說：「我做得到」

或「我正朝著目標大幅邁進」，可以避免你偏離正軌。

● **牢記目標**。謹記目標的重要，可以幫你減少誘惑。例如，一直記著把車貸還清的感覺有多棒，就比較不會想要消費超出預算的東西。

● **對自己設限**。如果你知道跟朋友出遊可能花太多錢，可以只帶一些現金出門。想辦法讓自己在面對誘惑時難以屈服。

● **寫一份清單，列出你不想重蹈覆轍的一切原因**。隨身帶著這份清單，當老毛病又蠢蠢欲動時，就看那份清單。那可以提升你抗拒舊習的動力。例如，寫一份清單，列出為什麼飯後應該去散步。當你想要看電視而不想運動時，就看一遍清單，那可以提升你前進的動力。

從錯誤中學習使你更堅強

米爾頓．賀喜（Milton Hershey）十二歲時輟學去印刷廠工作，但他很快就發現自己對印刷業沒有興趣，於是轉往糖果和冰淇淋店工作。十九歲時，他決定自己開糖果公司。他向家人募得創業資金，開始自立門戶，不過公司營運不佳，幾年後被迫宣告破產。

創業失敗後，賀喜去科羅拉多州，投入當地蓬勃發展的銀礦業，希望能一夕致富。但他抵達當地時已經太遲了，難以找到工作。最後，他在另一家糖果製造商找到差事，也在那裡學到如何用鮮奶製作美味的糖果。

賀喜後來搬回紐約市，再次創立糖果公司。他希望這幾年累積的技巧和資訊，可以讓這次二度創業成功。但他的資金不足，那附近的糖果店也太多，於是他又失敗了。這時，很多出資讓他創業的親戚都因為他一再失敗而閃避他。

但賀喜並未放棄，他搬回賓州，開了一家焦糖製造公司。白天製造焦糖軟糖，夜晚推著車子上街販售。他後來終於接到一筆大訂單，也順利向銀行貸款，完成那筆訂單的交貨。賀喜收到訂單帳款時，把貸款還清，創立蘭卡斯特焦糖公司（Lancaster Caramel Company）。不久，他成了百萬富翁，也是當地最成功的企業家之一。

他持續拓展事業，開始製作巧克力。一九〇〇年，他出售蘭卡斯特焦糖公司，開設巧克力工廠。賀喜不斷地精進巧克力的配方，很快就變成美國唯一量產牛奶巧克力的廠商，不久他的巧克力就開始行銷全球了。

一次大戰期間，糖開始短缺。賀喜在古巴開設自己的糖廠，但戰爭結束後，糖市場就崩盤了。賀喜再度陷入財務困境，他向銀行貸款，但必須拿房產抵押，直到貸款還清為止。不過，賀喜設法讓事業恢復榮景，兩年內即還清貸款。

他不僅建立一家事業蓬勃的巧克力工廠，也創造了一個繁榮的城鎮。在經濟大蕭條時期，賀喜仍繼續雇用員工。他在鎮上建立多棟建築，包括學校、體育館、旅館等等，那些新建築也創造了許多就業機會。在事業有成之餘，他也是卓越的慈善家。賀喜從錯誤中學習的能力，幫他從創業失敗變成全球最大的巧克力業主。即便是今天，賓州的賀喜鎮仍裝飾著狀似賀喜之吻巧克力（Hershey's Kisses）的路燈。超過三百萬名遊客參觀賀喜的巧克力工廠，以瞭解賀喜先生如何把可可豆製成巧克力棒。

當你不把錯誤當成負面事物看待，而是把它當成精進自己的機會時，就有更多的時間和心力確定你不再重蹈覆轍。事實上，心智堅強的人往往願意向大家透露他的錯誤，以避免大家步上同樣的後塵。

以克麗絲蒂的例子來說，當她不再天天對孩子怒吼時，她也鬆了一口氣。她知道孩子偶爾犯錯很正常，她現在懂得選擇因應的方式。她發現自從親子之間不再大吼大叫後，家裡也變得和諧快樂多了。當克麗絲蒂不再重複犯下管教錯誤，對孩子設立有效的規範後，她覺得自己更能掌握自我及生活。

解惑及常見陷阱

解決特定問題通常有多種不同的途徑，如果現有的模式行不通，你應該開放心胸，接納新的方法。從每個錯誤中學習，需要自知和謙卑，但那是充分發揮潛力的一大關鍵。

實用技巧

承認你對每個錯誤都有責任。

寫一份書面計畫，以避免重複同樣的錯誤。

找出讓老毛病死灰復燃的觸發點和警訊。

實踐自律策略。

當心陷阱

找藉口或拒絕檢討你造成的結果。
不思考替代方案就衝動反應。
讓自己處在容易失敗的環境裡。
自以為可以隨時抗拒誘惑，或以為你注定會重蹈覆轍。

9/13 不嫉妒他人成就

妒忌就像自己喝毒藥，卻希望能毒死敵人。

——曼德拉（Nelson Mandela，南非前總統）

丹和家人常參加鄰里的社交聚會，他們那個社群常在後院舉辦燒烤會，家長也常參加各家孩子的生日派對。丹和妻子有時也會舉辦聚會，大家都說丹為人友善，個性外向，各方面看來四平八穩。他有不錯的住家，在知名公司上班，還有嬌妻和兩個健康的孩子，但丹有個不為人知的祕密。

他討厭參加派對，因為每次去派對就得聽邁克又升遷了，或比爾換了新車。鄰居各個有錢去度豪華假期，買得起市場上最昂貴的玩具，令他憤恨不平。自從幾年前他和妻子決定，妻子辭職在家帶小孩後，他們的財務狀況就比較吃緊。他努力維持富足的表象，導致債台高築。事實上他還瞞著妻子，沒讓她知道他們的財務問題有多嚴重。但丹覺得，無論如何他都必須繼續裝出財力不輸鄰居的樣子。

妻子告訴他，需要改一下脾氣暴躁的問題，所以他來尋求專業協助。他剛來找我時，劈頭就說他不曉得治療對他有什麼幫助。他知道自己感到煩躁是因為一直覺得很疲累，而疲累則是因為他必須長時間加班才能支付帳單。

我們談到他的財務狀況，以及他覺得必須加班的原因。一開始，他把加班怪到鄰居頭上。他說，鄰居對於享有好東西相當自豪，他被迫必須跟他們媲美。我稍稍質疑，他是真的「被迫」必須跟他們媲美嗎？他坦言他沒有必要那樣做，只是他想那樣做。

丹答應多做幾次心理治療，後續幾週，他對鄰居的妒忌更加明顯。當我們探討他對鄰居如此生氣的原因時，他坦承幼年家境貧困，他不希望孩子像他童年那樣。他幼時因為家人買不起昂貴的衣物或玩具，所以常遭到嘲笑和霸凌。現在他有能力提供家人媲美周遭的生活形態，他覺得很自豪。

不過，丹的內心深處覺得，陪伴家人比物質享受更重要。我們談論他現在的生活形態，他愈說愈厭惡自己。他知道他比較想陪伴家人，而不是為了買更多的東西給他們，只好持續加班。漸漸地，丹開始改變他看待個人行為的方式，比較專注於自己的目標和價值觀，而不是一心想要媲美鄰居。

丹的妻子後來也加入心理治療，他對妻子坦承，他不時會以借錢的方式支付帳單。妻子聽到他的招認時，當然很訝異。不過，丹也表示他已經訂好新的計畫，要按照自己的價值觀過日子，不再為了跟鄰居比較而入不敷出。妻子支持他的轉變，也答應在過程中加以監督。

丹花了很多心血才改變他對自己、鄰居、身分地位的看法。他不再和鄰居比較，專注於對他真正重要的事情後，對別人就不再那麼妒忌，也不再那麼煩躁了。

非常嫉妒

嫉妒是「我想要你有的東西」，但怨恨他人的成就則又更進一步，是「我想要你有的東西，而且我也不希望你擁有」。偶爾閃過一絲嫉妒很正常，但嫉妒到生怨就不健康了。你有以下的情況嗎？

□ 你常和周遭的人比較財富、地位、外表。
□ 你嫉妒別人買得起比你好的東西。
□ 別人分享成功經驗時，你覺得很刺耳，聽不下去。
□ 你覺得你的成就所獲得的肯定，比實際收到的少。
□ 你擔心自己輸人一截。
□ 有時你覺得，無論你再怎麼努力，別人就是比你成功。
□ 你厭惡實現夢想的人，而不是為他們開心。
□ 收入比自己高的人，很難相處。
□ 你對自己沒什麼成就感到尷尬。
□ 有時你會暗示別人，你的狀況比實際好。

□ 成功者遭遇不幸時，你暗自竊喜。

你妒忌他人的成就，可能是基於不理性的思維，那會使你的行為轉趨無理。你應該採取行動，專注於你的目標，而不是怨恨別人飛黃騰達。

爲什麼會嫉妒他人成就

嫉妒生怨雖然類似憤恨不平，但是生氣時，比較可能發洩出來。嫉妒生怨通常是內隱的，像丹那樣的人是以假裝的友善來掩飾真實的感受。但是在和善的笑容下，潛藏著又怒又嫉的激動情緒。

丹的嫉妒是源自於不滿，他覺得不公平。有時不公平是真的，有時則是你想像出來的。丹覺得鄰居收入那麼多不公平，他一心只想著鄰居比較有錢，買得起更好的東西。他怪鄰居讓他覺得自己很窮，但是他要是搬到不是那麼富裕的社群，可能會覺得自己是富有的。

嫉妒他人的成就也是根深柢固的不安全感造成的。當你自我感覺不好時，很難為朋友的成就感到高興。當你缺乏安全感時，別人的成就似乎也放大了你的缺點。尤其在你覺得別人運氣比較好、但你比較有實力時，更可能會因此懷恨在心。

當你不知道自己想要什麼時，很容易怨恨他人的成就。有些人從來沒想過要找需要出差的工作，但是看到朋友到國外出差時，心想：**她真幸運，我也想出國**。在此同時，他可能也艷羨另一位朋友可以在家工作，不需要出差，因而心想：**我希望我也能像那樣**。但是上述兩種生活形態明明相互矛盾，你不可能讓一切如你所願。

多數人之所以達成目標，是因為他們投入了時間、金錢和心力。當你忽略這點時，比較可能嫉妒他們的成就。我們很容易看著職業運動員說：「我希望我能做到那樣。」但你真的那樣想嗎？你真的希望每天起床鍛鍊十二個小時嗎？你真的想把運動當成謀生工具嗎，而且運動能力還會隨著年齡下滑？你真的想為了維持體態而放棄你喜愛的食物？你真的希望一年到頭不斷的為比賽練習，犧牲與親友相處的時間也在所不惜嗎？

嫉妒他人成就的問題所在

丹對鄰居的怨恨幾乎影響了生活的每個領域，舉凡職業生涯、消費習慣，甚至連夫妻關係都被波及。他滿心憤恨不平，甚至干擾了他的心情，使他難以享受鄰里的社交聚會。這也造成了惡性循環，他花愈多心力跟鄰居較量，對鄰居的怨恨也愈深。

你對他人的觀感並不準確

你永遠不知道幕後的狀況。丹不曉得鄰居可能面臨什麼問題，他只看到表象就嫉妒他們的成就。

光是刻板印象也可能讓人產生怨恨的感覺，也許你相信「有錢人」很邪惡或「老闆」都很貪心。那種刻板印象導致你不認識那些人就先怨恨他們。

二〇一三年的研究〈幸災樂禍〉（Their Pain, Our Pleasure: Stereotype Content and Schadenfreude）顯示，參試者不僅嫉妒「有錢專業人士」的成就，甚至看到那些人遭逢不幸時還會竊喜。研究人員讓參試者看四個人的照片，分別是老人、學生、吸毒者、有錢的專業人士。他們研究參試者看不同影像時的大腦活動，結果發現，參試者看到有錢專業人士遇到問題時最為開心，例如計程車開過時被濺了一身。事實上，參試者看到那個情境時，比看到那四人遇到好事時還開心。那一切反應都是源自於「有錢人很邪惡」的刻板印象。

你一不小心，很容易就讓嫉妒壟斷了你的生活，那可能造成以下的問題：

● **你不再專注追求個人成就**。你花愈多時間關注他人的成就，就愈沒有時間追求個人目標。嫉妒他人的成就只會讓你分心，拖慢進度。

● **你永遠不會滿意自己擁有的一切**。如果老是想要跟別人比，永遠不會知足；一輩子都想超越別人，永遠不會滿意，因為總是有人比你更富有、更有魅力、更優異。

● **你會忽視個人技巧和才華**。你花愈多時間希望自己做到別人能做的事，就愈沒有時間精進自己的技巧。希望別人缺乏才華，並無法幫你精進才華。

● **你可能放棄價值觀**。嫉妒可能使人鋌而走險，當你很氣別人擁有你沒有的東西時，你很難堅持自己的價值觀。怨恨常使人做出平時不會做的事，例如破壞別人的努力，或是為了跟別人比較而欠債累累。

● **你可能破壞關係**。你怨恨某人時，就難以和對方維持健全的關係。怨恨導致謠言、嘲諷、易怒，那些往往都隱藏在虛偽的笑容底下。當你私下懷抱怨恨時，就無法培養真誠的關係。

● **你可能開始自吹自擂**。一開始，你可能模仿嫉妒的對象，想要跟他媲美。但是當對方的鋒芒蓋過你時，你可能開始自我吹噓，甚至謊稱自己的成就。試圖超越或領先別人通常不討喜，但有時候嫉妒者會不顧一切那樣做，只為了證明自己的價值。

控制嫉妒心

丹必須先停下來評估自己的生活，才能停止嫉妒他人的成就。他自己對「成就」下了定義後（例如多陪伴家人、以自己的價值觀來教養孩子），就能提醒自己，鄰居的好運並不會削減他追求目標的努力。

除了解決自己缺乏安全感的問題之外，丹也必須質疑自己的想法。他原本認為，他要是不讓孩子擁有類似鄰家小孩的高級衣物及最新科技器材，孩子會遭到霸凌。當他發現幾乎每個小孩偶爾都會遭到戲弄，物質財富並無法保證孩子免於被取笑時，他就不再堅持幫孩子買一切東西了。當他發現以前那樣做可能會在無意間導致孩子太注重物質生活時，那並非他想給孩子培養的特質，他開始把心力花在陪伴孩子上。

改變情境

一位患者面臨許多問題，他來找我做心理治療已經兩個多月了。他天天對孩子吼叫，辱罵妻子，抽大麻兩三次，每週喝酒喝到不省人事好幾次。他已經失業超過六過月，積欠一堆帳單未繳，經常抱怨人生有多不公平，也常和主動幫助他的人爭吵。某天，他進我的辦公室時，劈頭就說：「艾美，我的自我感覺不好。」他沒想到我竟然回應：「那很好啊。」他一臉疑惑地說：「妳怎麼會那樣說呢？妳的責任不是幫我建立自尊嗎？」我解釋，以他目前的行為來看，自我感覺不好其實是健康的跡象，我並不想讓他覺得自己現在的樣子很好。當然，我不會貿然對任何人都這麼說，我已經認識他一陣子了，跟他處得還不錯，我知道那樣講他不會生氣。

後續幾個月，我很高興看到他開始成長蛻變。治療接近尾聲時，他的自我感覺好多了，但不是因為他一再以虛假的美言麻痺自己，而是因為他找到工作，戒了菸酒，努力善待他人。他的婚姻改善了，親子關係也變得更融洽。他開始根據自己的價值觀運作時，感覺就好多了。自我感覺不好是需要改變自己的徵兆。

如果你的自我感覺不好，應該檢討成因，或許你的行為舉止不利於塑造健康的自我價值。如果那是原因，你可以思考行為該怎麼改變，讓它更符合你的價值觀和目標。

改變心態

如果你的行為舉止已經符合你的價值觀和目標，但你仍心生嫉妒，可能是不理性的想法阻礙你欣賞他人的成就。如果你老是覺得**我很笨**或**我不像別人那麼優秀**，在你看到別人青雲直上時，心裡可能很不是滋味。你不只對自己產生不理性的想法，也可能對別人產生不理性的想法。

二〇一三年的研究〈臉書上的嫉妒〉（Envy on Facebook: A Hidden Threat to Users' Life Satisfaction）解釋，為什麼有些人瀏覽臉書時會有負面情緒。研究人員發現，「朋友」在臉書上分享假期照片時，最令人生氣與嫉妒。「朋友」收到很多「生日快樂」的祝福時，也令人嫉妒。驚人的是，那項研究的結論是：瀏覽臉書會產生負面情緒的人，對整體生活的滿意度也會下滑。難道這個世界真的變成這樣——看到別人在臉書上收到很多生日祝福，就讓我們對自己的生活不滿？看到朋友去度假，就讓我們嫉妒生怨？

如果你發現自己開始嫉妒別人，可用下列的技巧改變想法：

- **避免和他人比較**。比較自己和別人，就像比較蘋果和橘子，你們各有不同的才華、技巧和生活經驗，相互比較並不是衡量自我價值的準確方式。你應該比較的是以前的自己，衡量自己成長多少。

● **知道自己有何刻板印象**。努力瞭解別人，而不是憑刻板印象判斷。不要直覺認定某人享有財富、名利或你嫉妒的其他東西就是邪惡的。

● **別老是在意自己的缺點**。如果你只注意自己沒有什麼或無法做什麼，很容易嫉妒擁有那些東西的人。你應該多注意自己的優點、技巧、能力。

● **別放大別人的優點**。嫉妒往往是因為誇大別人的優異，專注在別人擁有的一切。切記，每個人都有缺點、不安全感和問題，即使是成功人士也有。

● **不要貶抑他人的成就**。貶抑他人的成就只會讓人心生怨恨，避免說「他的升遷其實沒什麼大不了，他之所以能升遷，還不是因為他是老闆的朋友」之類的話。

● **別再判斷公平與否**。別讓自己專注在不公平的事物上，有些人靠著作弊獲勝，有些人靠著機運出頭，但你花愈多時間思考誰「該」獲勝，誰不該獲勝，就愈沒有時間投入有生產力的事情。

以合作為重，而不是競爭

我做心理輔導時，遇到很多夫妻很愛計較，堅持事情一定要「公平」。我也遇過老鬪嫉妒員工的成就，即使員工的成就有利於公司的發展。

只要你把生活中的夥伴視為競爭者，就會一直想要贏過對方。當你老是想著如何打敗他們時，就很難培養健全的關係。花點時間檢視一下你把生活中的哪些人視為競爭對手。也許你希望自己比好友更有魅力；或者，你希望自己比哥哥更有錢。把這些人視為競爭對象對你們的關係並不健康。如果你把他們視為夥伴又會變成怎樣呢？把多才多藝的人融入你的生活，其實對你很有利。如果你的兄長善於理財，與其效法他買很多昂貴的東西，何不向他討教理財技巧？如果你的鄰居很注意健康，何不請她分享一些食譜？謙虛的態度對於你的自我觀感，以及他人對你的觀感，都有很大的助益。

上一章提到，賀喜的成就是因為他能從錯誤中學習，不過他樂見他人成就的度量，也讓他在過程中受惠。賀喜的員工瑞斯（H. B. Reese）在同一個城鎮自立門戶時，賀喜一點也不生氣。瑞斯還在巧克力工廠任職時，他運用從賀喜學到的知識，發明了一種糖果。幾年後，他發明巧克力花生杯，並以賀喜巧克力工廠作為牛奶巧克力的供應商。

賀喜大可把瑞斯視為搶走顧客的競爭者，但他沒那樣想，還支持瑞斯的事業發展。兩人維持友好關係，並在同一社群裡販售甜食。事實上，兩人過世後，賀喜巧克力公司和瑞斯糖果公司合併，瑞斯發明的花生杯如今仍是賀喜最熱賣的商品。顯然，這個故事原本可能有截然不同的結果。事實上，他們要是不合作，可能爭得兩敗俱傷。幸好，他們始終維持友好，一輩子合作無間。

當你樂見他人的成就時，也會吸引成功人士接近。讓你的身邊圍滿努力達成目標的人，對你更有利。你會因此獲得更多動力、靈感和資訊，幫你往目標邁進。

自己定義成功

很多人把成功和財富畫上等號，但顯然不是每個人都想要大富大貴。也許你定義的成功，是能以自己的時間和技巧回饋鄉里；也許你覺得減少工作時間，把時間用來幫助貧困者，自我感覺最好。如果那是你定義的成功，就沒有必要嫉妒那些想要賺大錢的人，因為那樣做符合他們定義的成功。

有人說：「我擁有我想要的一切，但我還是不快樂。」那往往是因為他們並未真的擁有想要的一切。他們按照別人定義的「成功」生活，而不是忠於自我。以丹為例，他努力追求和鄰居一樣的物質生活，但是他並不快樂。她和妻子決定，妻子辭職在家帶孩子，因為他們覺得孩子的成長比多賺一份薪水重要。但他後來忽略了自己的價值觀，開始模仿鄰居的生活形態。

自己定義成功時，有時最好放眼看整個人生大局，不是只看現階段。想像你在生命接近尾聲時回顧這一生，回答以下的問題時，哪個答案可能帶給你最大的平靜？

● **這一生最大的成就是什麼？**你的最大成就攸關金錢嗎？還是你對他人的貢獻？你打造的家庭？你創造的事業？你在世界上發揮的影響力？

● **我怎麼知道我完成了那些事？**你有什麼證據可以證實你達到目標了？有人說他很感謝你的貢獻嗎？你的銀行戶頭證明你賺了很多錢嗎？

● **你覺得時間、金錢、才華的最佳運用方式是什麼？**人生中哪些記憶對你來說最重要？哪種活動讓你覺得最自豪、最有成就感？

寫下你對成功的定義。當你不禁想要嫉妒他人邁向他們定義的成功時，就提醒自己你的定義。每個人的成功方式都不一樣，你必須瞭解你的成功之路是獨一無二的。

練習為他人的成就喝采

你努力朝著自己定義的成功邁進，並好好管控不安全感時，就能在毫無妒忌之下為他人的成就喝采。一旦你接受你們並非競爭對手，就不再擔心別人的成功會讓你顯得很糟。你會真心樂見別人達到新的里程碑，累積更多的財富，或是完成你沒做過的事。

彼得．布克曼（Peter Bookman）就是為他人成就喝采的絕佳例子，即使有些人覺得他有充分的理由心懷怨恨。布克曼以連續創業家自居，他參與創立了多家成功的新創公司。他創立的一家公司後來變成電腦軟硬體公司 Fusion-io，客戶包括臉書、蘋果等大企業。布克曼創業三年半，幫公司打點妥當後，就被告知投資人和董事會對未來的展望和他不同，他只好離開公司，眼看著他當初招募的許多人才把那家公司經營得非常成功。

事實上，布克曼離開公司後，Fusion-io 變成年收數十億美元的企業，為幾位創辦人賺了二．五億美元。布克曼並未嫉妒前公司的成果，而是為他們感到高興。他坦承很多人告訴他，看到自己創立的公司在他走了以後大放異彩，他應該生氣才對。我問他為什麼對老東家毫無敵意，他說：「我不覺得他們的成功從我身上奪走了什麼，我很高興我完成了本分，期待幫他人實現夢想，無論最後結果是不是對我個人最有利。」布克曼顯然沒浪費時間嫉妒他人的成就，他忙著在別人實現夢想時，跟著大家一起喝采。

樂見他人成就使你更堅強

荷布·布魯克斯（Herb Brooks）在高中和大學時期都是非常傑出的曲棍球員，一九六〇年他獲選加入美國奧運代表隊。但是，奧運比賽的前一週，他突然遭到淘汰，只能眼睜睜地看著隊友出賽，為美國贏得史上第一面男子曲棍球賽的金牌。他並未因為淘汰而發怒，他對教練說：「你肯定是做了正確的決定，因為你們贏了。」

很多人可能會因此想要放棄曲棍球，然而布魯克斯並不打算放棄。他繼續參與一九六四年和一九六八年的奧運賽。他的球隊再也達不到他遭到淘汰那年的水準，但他的曲棍球生涯並未就此結束。他從球場退休後，改當曲棍球教練。

指導大學曲棍球隊幾年後，他獲聘為奧運代表隊的教練。為代表隊挑選球員時，他專找善於團隊合作的人，不希望任何球員只想搶著曝光。一九八〇年，布魯克斯的球隊看起來贏面不大，蘇聯隊在前面七次奧運會中，贏了六面金牌。但是美國隊在布魯克斯的指導下，以四比三擊敗了蘇聯隊。那場大爆冷門的勝利後來被稱為「冰上奇蹟」，之後他們順利擊敗芬蘭隊，奪得金牌。

美國隊一獲勝，布魯克斯立即離開球場，消失在鏡頭前。他以比賽結束後馬上離開現場著稱，不留下來和球隊慶祝勝利。他後來告訴記者，他想把榮耀留給球員，那是他們應得的，他不想搶他們的風采。

布魯克斯不僅沒有嫉妒成功者，他也支持成功者的努力。他不想逼任何人跟他分享成功，樂於把一切榮耀都留給別人。他曾對球員說出一句名言：「寫下自己的成就，而不是閱讀別人談成就的著作。」

當你不再嫉妒他人的成就時，就能自在地朝自己的目標努力。你會想要按照自己的價值觀生活，不會因為別人以他們的價值觀生活而感到不滿，或覺得不公平。

丹開始專注追求自己定義的成就後，覺得心裡平靜，輕鬆很多。他不再跟鄰居比較，而是跟自己比較。他想挑戰自己，每天都進步一些。想要追求人生的真正成就，就必須過真實的生活。

解惑及常見陷阱

你自己做得很好時，要避免嫉妒他人很容易；但人生總有不如意的時候，那時要不嫉妒他人最難。當你難以達成目標，但周遭的人紛紛達成時，想要約束自己的感受，需要下一番工夫，並且堅持到底。

實用技巧

自己定義成功。
以理性想法取代令人生怨的負面想法。
為他人的成就喝采。
專注於你的優點。
追求合作，而不是跟每個人競爭。

當心陷阱

追求別人的夢想。
想像別人的生活比你好很多。
經常比較你和周遭的每個人。
貶抑他人的成就。
把每個人都當成競爭對手看待。

10/13

不輕言放棄

失敗是成功的過程，迴避失敗的人也遠離了成功。

——羅勃特．清崎（Robert T. Kiyosaki，《富爸爸，窮爸爸》〔*Rich Dad Poor Dad*〕作者）

蘇珊來找我做心理諮詢，因為她覺得自己的人生不夠充實。她的婚姻美滿，夫妻倆育有一個可愛的兩歲小女孩。蘇珊的工作穩定，在地方小學裡擔任接待員，家裡的財務狀況也很良好。蘇珊說，她對於自己沒有幸福快樂的感覺，其實感到有點自私，畢竟她的人生已經很美好了。

最初兩次的心理治療，蘇珊透露她一直很想當老師。高中畢業後，她上大學念教育系。那所大學離她家才幾小時的車程，但她非常想家，個性又極其害羞，難以結識新朋友。她當時覺得課程很難，難以應付，所以第一學期過一半時，她就休學了。

搬回家後不久，她就找到在學校擔任接待員的工作，持續工作至今。那雖然不是她夢寐以求的工作，但她覺得那已經是最接近當老師的工作了。不過，從蘇珊的言語間可以明顯看出，她還是很渴望當老師，只是對自己沒有信心罷了。

我第一次提起重返校園的話題時，蘇珊堅持她的年紀太大了。不過，當我提到新聞報導一位九十四歲的女性最近拿到高中文憑時，蘇珊就改變主意了。後續幾週，我們討論哪些因素阻止她重返校園攻讀教育系。她說，她覺得自己不是「念大學的料」。畢竟，她曾經失敗過，如今離開校園那麼久了，更不可能過關。

接下來的幾週，我們討論她對失敗的看法，以及失敗一次是否真的一定會再次失敗。我們發現蘇珊的人生中有一種明顯的形態：無論是什麼事情，只要第一次嘗試失敗，她就不願再嘗試了。她擠不進高中籃球隊時，就乾脆放棄運動。她減肥七公斤又完全復胖時，就不再減肥了。這類例子不勝枚舉，她發現自己對失敗的看法，影響了後續的決定。

在此同時，我也鼓勵她，即使她不打算重返校園，也可以看一下大學有哪些選項，因為過去十五年大學改變很多。她很高興地發現，如今除了全職大學生以外，還有很多其他選項。於是，幾週內，她就註冊一些線上的大學課程。她很高興看到那些課程不需要她離開家人很久，她可以一邊工作一邊上課。

開始上課不久，她就說，她感覺自己好像找到了生活中缺少的東西。朝著新的專業目標努力，似乎就是讓她覺得生活更充實的挑戰。不久，她就結束了心理治療，對未來抱著新希望，對失敗也有了不同的看法。

萬一一開始不成功……

有些人在失敗的刺激下，會再接再厲，做得更好，有些人則是乾脆放棄。你對以下幾點是否有共鳴？

- □ 你擔心別人認為你是失敗者。
- □ 你只喜歡參與你可能勝出的活動。
- □ 如果你第一次嘗試某件事不成功，就不太可能再試了。
- □ 你覺得最成功的人與生俱有成功的天賦。
- □ 你覺得很多事情無論你再怎麼努力，一輩子也學不會。
- □ 你的自我價值大都和成功的能力有關。
- □ 失敗的感覺令人非常不安。
- □ 你常為失敗找藉口。
- □ 你比較想炫耀自己熟悉的技能，不想學習新技能。

失敗不見得就是終點，事實上，多數成功人士認為，在成功這條漫漫長路上，失敗只是開端。

爲什麼會放棄

蘇珊和很多人一樣，覺得自己只要失敗一次，肯定會再次失敗，所以沒必要大費周章一試再試。她知道自己的人生缺了點什麼，但她從來沒想過，她可以再去進修大學課程，因為她認定自己不是「讀大學的料」。蘇珊絕非特例，幾乎每個人都曾在首次體驗失敗後，就斷然放棄。

我們之所以缺乏意願再度嘗試，往往是因為恐懼，但不是每個人對失敗都有同樣的恐懼。有人可能擔心讓父母失望；有人擔心自己太脆弱，無法再度承受失敗的打擊。許多人不願面對這些恐懼，擔心丟臉，於是乾脆不再冒險。有些人會掩飾失敗，有些人花很多精力為失敗找藉口。學生可能說：「我根本沒時間為這次考試做準備。」但他可能花好幾個小時，想辦法掩蓋考差的事實。另一個學生可能不讓父母看到考試成績，因為他對自己沒考好感到羞愧。

有些人則是讓失敗定義了自己。蘇珊覺得，以前大學念不完，全怪自己不夠聰明。

有人可能認為，創業失敗一次就注定不適合創業。有人無法讓第一本創作出版，就認定自己是糟糕的作家。

放棄也可能是一種習得的行為。也許你小時候每次失敗，母親就馬上幫你完成。或是，你告訴老師你解不開數學習題，她就直接告訴你答案，你永遠不需要思考怎麼解題。總是期待他人來解救你，可能是難以戒除的壞習慣，即使是成年後亦然，那導致我們失敗時比較不願再試一次。

很多人放棄是因為他們對自己的能力有既定的看法，他們覺得自己沒什麼天賦，也不想花心思精進自己，並且在失敗後再試一次。他們認為沒有天賦，即使學習也不可能成功。

失敗就放棄的問題所在

蘇珊花很多時間思考下面的話：**我不夠聰明，無法當老師**、**我永遠不可能把學生教好，因為我自己就是失敗者**。那些想法使她無法達成目標，她從來沒想過自己還可以重返校園。如果你像蘇珊那樣第一次失敗就放棄，你可能錯失很多人生的機會。失敗其實是難得的體驗，不過唯有記取失敗的教訓，繼續向前，你才能體會其中的美好。

沒有至少失敗過一次，則要成功並不容易。以希奧多．蓋索（Theodor Geisel）為例，他就是眾所皆知的蘇斯博士（Dr. Seuss），第一本書遭到二十幾家出版商退稿。後來他出版了四十六本膾炙人口的兒童讀物，有些還改編成電視節目、短片、百老匯音樂劇。要是他第一次遭到退稿就放棄，全世界就沒有機會欣賞他那些逗樂孩童數十年的獨特風格。

第一次失敗就放棄，很容易變成自我應驗的預言。每次你放棄，就讓你更加相信失敗很糟糕，也阻止你再度嘗試，於是對失敗的恐懼妨礙了你學習的能力。一九九八年《個性與社會心理學期刊》刊登了一項研究，研究人員比較兩組五年級的學生，老師稱讚其中一組學生很聰明，稱讚另一組學生很用功，接著讓兩組學生都接受很難的測試。他們看到自己的成績時，研究人員給他們兩個選項：看成績較差者的考卷，或看成績較好者的考卷。被稱讚很聰明的孩子比較想看成績較差者的考卷，以便提升自尊。被稱讚很用功的孩子比較想看成績較好者的考卷，以便從自己的錯誤中學習。如果你害怕失敗，你比較不可能從錯誤中學習，所以不太可能再試一次。

別放棄

蘇珊發現失敗一次不見得會一再失敗時，便以比較開明的心態看看她還有哪些教育選項。她開始展現出不怕失敗的樣子後（例如開始研究幾家大學的課程），對於一圓教師美夢更有希望。

找出阻止你再次嘗試的失敗觀點

愛迪生是有史以來最多產的發明家之一，他擁有一千零九十三項產品及系統的專利。他最有名的發明包括電燈泡、電影放映機、留聲機。但他不是所有的發明都非常成功，你可能沒聽過他發明的電動筆或幽靈機，那只是諸多敗作中的兩種。

愛迪生知道，他的發明裡一定會有某些東西注定失敗。他發明出行不通或市場反應冷淡的產品時，並不覺得自己是失敗者。事實上，他覺得每次失敗都是重要的學習機會。一九一五年的愛迪生傳記寫道，一位年輕的研究助理曾說，他們辛苦研究數週卻毫無結果，實在很可惜。愛迪生回應：「什麼結果！怎麼會沒有結果呢？我得到很多結果啊！我因此知道好幾千種東西都不可行。」

你要是失敗一次就拒絕再試，可能對失敗產生不正確或不當的想法。那些想法會影響你思考、感受、因應失敗的方式。以下是有關毅力和失敗的研究結果：

● **有心練習比天賦更重要**。我們常以為才華是與生俱來的天賦，其實多數才華可以透過努力培養。研究發現，只要天天練習，十年後技藝就可以超越擁有棋藝、運動、音樂、美術天賦的人。經過二十年的致力練習，許多原本缺乏天賦的人也能達到世界級的水準。但我們往往認為，要是先天缺乏天賦，就無法從後天培養成專家。這種想法可能使你在培養出成功所需的技巧之前，就輕言放棄。

● **毅力比智商更能預測成功**。不是每個智商高的人都有很高的成就，事實上，智商並非預測成功的好指標，毅力比智商更能準確預測成就。所謂毅力，是指為了長期目標堅持不懈、維持熱情。

● **把失敗歸因於能力不足，會導致習得無助感**（**learned helplessness**）。如果你覺得失敗是因為能力不足，也覺得自己無法精進能力的話，就可能產生習得無助感。失敗後不再嘗試的你，可能會放棄或等別人來幫你做。如果你覺得無法改進，可能也不會想要精進自己。

別讓你對個人能力的誤判，阻礙你成功。花點時間思考你對失敗的看法。把成功之路視為馬拉松，而非短跑衝刺。接納失敗，只是幫你學習成長的過程。

改變你對失敗的看法

你要是覺得失敗很可怕，只要失敗一次，就很難再試一次。以下對失敗的看法可能阻止你再度嘗試：

失敗是無法接受的。
我要不是完全成功，就是完全失敗。
失敗完全是我的錯。
我失敗是因為我很差勁。
若失敗就沒有人喜歡我了。
第一次做不好，第二次也不可能做好。
我的能力不足，無法成功。

對失敗的不理性看法，可能讓你第一次失敗就輕言放棄，你應該以務實的想法加以取代。失敗並不像你想的那麼糟糕，把焦點放在你的努力上，而不是結果上。當你想要完成困難的任務時，想想你可以從挑戰中獲得什麼，你能學到新東西嗎？即使一開始失敗，你能精進技巧嗎？思考你能從經驗中學到什麼，就比較能接納失敗乃是過程的一部分。

自我包容（不見得是高自尊）可能是充分發揮潛力的關鍵。對自己太嚴苛，可能讓你認命，相信自己不夠好。對自己太寬鬆，則可能為自己的行為找藉口。自我包容是在兩者之間拿捏平衡，它是指平心務實地看待失敗，瞭解人人都有缺點，你也不例外，失敗並不會減損你為人的價值。當你以包容心看待自己的缺點時，就更有可能發現成長與進步的空間。

在二〇一二年的研究〈自我包容增加自我改進的動力〉（Self-Compassion Increased Self-Improvement Motivation）中，研究人員給成績不好的同學重考的機會。一群學生以自我包容的觀點看待自己的失敗，另一群學生則是專注於提升自尊。結果發現，自我包容組的讀書時間比提升自尊組長了百分之二十五，重考的成績也比較高。

不要完全根據成就來衡量自我價值，否則你可能比較不願意冒險做可能失敗的事。以下列的務實提醒來取代不理性的想法：

失敗往往是成功的過程。

我可以因應失敗。
我可以從失敗中學習。
失敗是一種徵兆，它告訴我正在挑戰自我，我可以決定再試一次。
只要有心，我就有力量去克服失敗。

正面迎擊對失敗的恐懼

我公公羅伯向來很懂得開自己的玩笑，他覺得一再把自己的失敗拿出來講，沒有什麼好難為情的。但我覺得他並不認為那些是失敗，事實上，只要是很好的故事題材，他都覺得那些冒險是成功的。

我想到一個明顯的例子，那是一九六〇年代他當飛行員的時候。他以前常開著私人飛機載運乘客，類似短程小客機服務。有時是去接剛下民航機的顧客，載他們到最終目的地。某次他去載一位富商，當時機場安檢比較寬鬆，他可以在客人走下民航機時，直接在停機坪迎接他。

多數的私人飛行員可能會舉著寫上客人名字的牌子，在一旁等待，但那不是羅伯的風格。客人一下飛機，他就上前握手說：「史密斯先生，很高興見到您，我是來接你上機的飛行員。」史密斯先生說他受寵若驚，他沒想到羅伯竟然可以馬上認出他來。但史密斯先生不知道的是，羅伯跟那班飛機的每位下機乘客都握手了，並說出一樣的話：「史密斯先生，很高興見到您。」如果對方的反應一臉疑惑，或說他不是史密斯先生，羅伯就繼續迎接下一人，直到他找到史密斯先生為止。

我想，很多人以錯誤的名字招呼別人時，可能會覺得很尷尬，因此會避免那樣熱情地迎接陌生人。但羅伯不會這樣，他很樂於和陌生人握手，叫錯名字也不擔心。他知道他終究會找到史密斯先生，根本不怕在找到之前一再落空。

習慣失敗後，失敗就不是那麼可怕了——尤其是當你瞭解失敗和拒絕都不是最糟的事情時。

失敗後繼續前進

第一次努力沒成功，花點時間評估發生了什麼事，以及你想要如何繼續。如果失敗的事情對你不是那麼重要，你可能認為不值得再花時間或心力嘗試一次，有時那樣想很合理。例如，我畫得很差，只會畫火柴人。我畫不好時，覺得不值得再花時間和精力來精進畫功，我寧可把精力投注在我熱愛的事物上。

但是，當你需要克服人生障礙才能實現夢想時，就值得再試一次。不過，把同樣的事情再做一次毫無幫助，你應該規劃一套計畫，幫你提高成功的機率。就像你需要從錯誤中學習以避免重蹈覆轍一樣，你需要從失敗學習，下次才能做得更好。有時那是指改善技巧，有時則是指尋找伯樂的青睞。

伊利亞斯・華特・迪士尼（Elias "Walt" Disney）在成為家喻戶曉的名人以前，也經歷過幾次失敗。他本來創立歡笑動畫公司（Laugh-O-Gram），與堪薩斯城劇院（Kansas City Theater）簽約，播出七分鐘結合動畫和真人的童話故事。卡通雖然大受歡迎，但華特負債累累，短短幾年後就宣告破產。

不過，那並未阻止華特，他和弟弟搬到好萊塢，創立迪士尼兄弟工作室（Disney Brothers' Studio）。他們和一家經銷商簽約，幫他們經銷華特創造的卡通人物：幸運兔奧斯華（Oswald the Lucky Rabbit）。但幾年內，經銷商偷了奧斯華及其他卡通人物的版權。迪士尼兄弟馬上自製三部卡通，主角包括華特自創的米老鼠，但他找不到經銷商。直到聲音和影像結合之後，他們才開始錄製。

不久，迪士尼兄弟就爆紅了。儘管當時正值經濟大蕭條，但華特開始製作賣座驚人的影片。之後，他們兄弟建立價值一千七百萬美元的迪士尼樂園，大受歡迎。他們運用那些獲利再建迪士尼世界。可惜，華特在迪士尼世界完工以前就過世了。

在卡通業界創業失敗而宣告破產的人，後來在經濟大蕭條期間成為百萬富翁。那些卡通之前屢次遭到回絕，因為別人覺得不可能成功，但後來同樣的卡通為華特贏得的奧斯卡獎比任何人都多。儘管華特過世已近五十年，迪士尼公司依舊是年收數十億美元的蓬勃企業，華特的卡通人物米老鼠依舊是迪士尼的主要象徵。顯然，華特是以失敗激勵自己成功的人。

從失敗中振作使你更堅強

沃利．艾莫斯（Wally Amos）是藝人的經紀人，他最有名的事蹟是贈送自製的巧克力餅乾給名人，以吸引名人跟他簽經紀約。在朋友的鼓勵下，他乾脆放棄經紀人的工作，專心做餅乾烘焙業。藉由一些名人朋友的資金贊助，他開設第一間餅乾店，名叫「知名艾莫斯」（Famous Amos）。

那家店大受歡迎，事業迅速擴張。後續的十年間，艾莫斯在美國各地開了更多分店。事業的成功讓他獲得全國的關注，還榮獲雷根總統頒發的創業傑出獎。

不過，艾莫斯是高中輟學生，沒受過正式訓練，在缺乏經商知識下，價值數百萬美元的事業開始經營困難。他想招募人才來幫助他，但他自己欠缺扭轉公司營運的能力。最後，艾莫斯被迫出售公司。他不僅公司有財務問題，自己的財務也出現重大危機，甚至房屋遭到法拍。

幾年後，他想開新的餅乾公司：艾莫斯脆片與餅乾公司。但是收購知名艾莫斯公司的企業高管控告他名稱侵權，於是他把新公司改名為「無名叔叔」（Uncle Noname）。新的餅乾公司面臨激烈競爭，難以盈利。當他的債務累積超過一百萬美元時，他被迫宣告破產。

最後，艾莫斯開了一家馬芬公司，但這次他把日常營運交給有食品配銷經驗的合夥人負責。他從過去的失敗中學到，他需要有人幫他經營事業，新公司的業務雖然不像以前的餅乾事業那麼熱門，但仍營運至今。

最後，艾莫斯終於等到另一次好運上門，奇寶（Keebler）收購知名艾莫斯餅乾的原始品牌，管理高層聘請他擔任產品的代言人。自己一手創立的公司在脫手之後如此蓬勃發展，一般人可能會覺得很不是滋味，但艾莫斯抱著感恩及謙虛的心，回去擔任代言人，鼓勵大家買他三十幾年前開發的餅乾。他後來也成了暢銷作家和勵志演講者。

失敗可能以新的方式挑戰你，塑造你的性格。它可以幫你找出生活中需要努力改進的地方，以及你自己從未發現的潛藏優點。以蘇珊的例子來說，她進大學修課後，對自己因應未來挫敗的能力開始產生信心，不再把失敗視為最後結果，而是精進自己的方式。

當你發現失敗有助於改善績效時，學習在失敗後繼續堅持下去，可以使你愈來愈堅強。

即使一再失敗，知道你終究會沒事的，也可以帶給你安心和知足感。你不再擔心自己不夠好，或覺得你必須做到最好才有人欣賞，你知道每次失敗都可以讓自己變得更好。

解惑及常見陷阱

有些人可以坦然接受生活中某些領域的失敗，卻對其他領域的失敗難以釋懷。某人可能習慣當業務員時遭到回絕，但是競選市議員落敗可能令他難以接受。找出生活中遇到失敗後就容易放棄的領域，多注意如何從各種失敗中學習。如果你失敗後不習慣再嘗試，要馬上正面迎擊恐懼可能很難。你可能會出現很多情緒和想法，阻止你別再嘗試。但是，只要多練習，你會發現失敗也是邁向成功的重要步驟。

實用技巧

把失敗視為學習的機會。

第一次嘗試未果，堅決再試一次。
正面迎擊對失敗的恐懼。
規劃新計畫以增加成功的機率。
找出對失敗的不理性想法，以務實的想法加以取代。
專心精進技巧，而不是只為了炫耀。

當心陷阱

放任失敗阻止你達成目標。
首度嘗試不成功，就認定未來也必敗無疑。
不想忍受不安的感覺，乾脆放棄。
一件事第一次做不成，就認定是不可能的任務。
把失敗想得比實際還糟。
拒絕參與你覺得不太可能勝出的任務。

11/13 不怕獨處

人類的悲苦，都是源自於無法獨自靜坐在房間裡。

——布萊茲．帕斯卡（Blaise Pascal，十七世紀法國神學家）

凡妮莎要求醫生開藥幫她入睡，但醫生建議她先嘗試心理輔導。她不知道心理輔導究竟有何幫助，但她還是答應來見我了。她說晚上腦子好像停不下來，一直在運轉。雖然上床就寢時已經累得要命，但她常躺著好幾小時無法入睡。有時她會想起早上說的某些話會不會有問題，有時又擔心隔天要處理的一些事情，有時腦中會一次冒出很多想法，連她都搞不清楚到底在想什麼。

凡妮莎說，白天腦子裡不會有任何煩憂。她是房地產經紀人，白天很忙，工作時間也長。不上班時，她忙著跟朋友交際應酬，與其他的專業人士培養人脈。工作與玩樂之間的分界往往很模糊，因為她常透過社群媒體或所屬的團體接到很多轉介上門的生意。她熱愛這種活躍的生活方式，喜歡馬不停蹄的感覺。工作壓力很大，但她覺得很充實，業績也很亮眼。

當我問她多常獨處或多常坐下來安靜思考，她說：「哦，從來沒有。我完全不想浪費一分一秒不事生產。」我說，她晚上腦子轉個不停，可能是因為她沒給大腦時間處理白天發生的事。她一聽笑著說：「才不是呢，我白天有很多時間思考，有時我會同時思考很多事情。」我說她的大腦需要一點休息時間，放鬆下來，我建議她在白天安排一些獨處的時光。她不太相信獨處能幫她睡得更好，但她答應先把它當成實驗試試看。

我們討論多種獨處的方式，她答應每天睡前在毫無干擾下（背景是沒有電視、手機、收音機）寫日誌至少十分鐘。隔週她回來找我時，她說她覺得安靜令她有點不安，但她喜歡寫日誌，覺得那樣做可以幫她快點入睡。

後續幾週，她嘗試其他活動，包括冥想和正念練習。令她意外的是，每天早上冥想幾分鐘竟然成了每天的亮點，心靈變得「比較平靜」。她也持續寫日誌，因為她覺得那成了她釐清一切事物的管道，冥想則是幫她安撫千絲萬縷的思緒。她的睡眠問題雖然沒能完全解決，但她覺得現在可以早點入睡了。

畏懼孤獨

獨處不是多數人的首要之務。許多人一想到獨處，就覺得沒什麼吸引力，有些人則是很怕獨自一人。你有以下的情況嗎？

□ 閒暇時，你最不想坐下來思考。
□ 你覺得獨處很無聊。
□ 在家裡做事時，你喜歡開著電視或收音機，當成背景噪音。
□ 周圍一靜，你就感到不安。
□ 你把獨處視同為寂寞。
□ 你永遠不會喜歡獨自做某些活動，例如看電影或聽演唱會。
□ 獨自做事會讓你產生內疚感。
□ 在等候室裡或工作的空檔，你可能會打電話、傳簡訊，或上社群媒體。
□ 你獨自開車時，常開廣播或講電話，讓自己有事做，以免無聊。
□ 寫日誌或冥想感覺像浪費時間。
□ 你沒有時間或機會獨處。

騰出時間獨自思考是很強大的練習，有助於目標的達成。心智強度的培養，需要你每天抽離忙碌生活一段時間，專注於成長。

爲什麼會逃避獨處

凡妮莎覺得獨處不是善用時間的方式，她一心想在房地產界建立名聲，所以不交際應酬或拓展人脈時，她就有罪惡感。她不想錯失任何新的生意機會。

幾個大型宗教都賦予獨處正面的意涵（耶穌、穆罕默德、佛陀都喜歡獨處），但是在現代社會裡，獨自一人常衍生出一些負面的意涵。卡通、童話、電影裡往往把極端的離群索居者（例如「隱士」）塑造得比較負面。「貓奴老太婆」之類的玩笑話也暗指「孤獨久了會發瘋」。孩子調皮搗蛋時，家長把孩子「關禁閉」，使孩子覺得獨處是一種懲罰。「單獨監禁」一詞也用來形容最糟的監禁。雖然極端的離群索居不太健康，但獨處似乎給人不太好的風評，好像連很短的獨處時間也是不愉快的體驗。

這種「獨處不好」、「與人相處比較好」的概念，逼著我們努力填塞社交行事曆。有些人覺得週六晚上在家獨處是不太健康或「行情不佳」。把行事曆塞滿也讓人覺得自己似乎很重要，電話愈常響起，計畫愈多，你肯定愈了不起。

維持忙碌也是讓人抽離現實的好方法。如果你有問題，但不想解決，何不邀請鄰居過來吃飯或找朋友一起去逛街呢？畢竟，只要在腦子裡裝滿愉悅的聊天內容，你就不必掛念問題了。即使你無法和別人親自見面，科技的進步也讓你不再孤單。你在任何地方都可以打電話，使用社群媒體馬上能聯絡到人，有空就傳簡訊。你幾乎每分每秒都可以避免獨自思考。

另外，社會壓力也逼著我們要有生產力。有些人覺得，每天一定要完成某些事，「獨處」是「浪費生命」。所以他們把空閒時間都塞滿了活動，像是清掃家裡或列出更多的代辦清單，他們可能覺得花時間坐下來思考沒什麼價值，因為無法馬上得出具體的結果。事實上，他們要是不「完成什麼」，就會有內疚感。

當然，有些人就是對獨處感到不安。他們習慣了混亂、持續不斷的噪音、永無止境的活動。休息、靜默、關心自己等等字眼，不在他們的字典裡。他們害怕獨自思考，因為他們可能想起不安的事。只要一有空，他們就會想起難過的事或擔心未來。所以，為了避免產生不安的情緒，他們盡可能讓自己處於忙碌狀態。

有些人常把獨處和孤獨混為一談。失眠、高血壓、免疫系統不好、壓力荷爾蒙的濃度上升等等，都和孤獨的感覺有關。但是獨處不見得就會讓人感到孤獨，事實上，很多人即使周遭被許多人簇擁著，還是覺得很孤單。孤獨是覺得沒有人支持你，獨處則是自願獨自靜下來思考。

害怕獨處的問題所在

凡妮莎在一天裡塞滿愈多的活動，到了夜裡，大腦愈是停不下來。當思緒大量湧現時，她愈想用其他辦法蓋過它們，於是形成了惡性循環。夜裡大腦轉個不停，讓她無法入睡，她開始以為「安靜獨處」是壓力。她甚至以電視作為背景噪音，幫自己入睡，因為她想用噪音蓋過腦子裡的想法。

我們要是不停下來，花點時間恢復元氣，老是埋首於日常責任和人際關係之中，可能對我們造成傷害。可惜的是，大家往往忽略或低估了獨處的效益。研究顯示，獨處有以下的重要效益，害怕獨處的人可能都錯過了：

● **適度的獨處對孩子有益**。一九九七年的研究〈獨處變成有益青春期早期的經驗〉（The Emergence of Solitude as a Constructive Domain of Experience in Early Adolescence）發

現，五至九年級生在適度獨處後，比較少出現行為問題。他們的憂鬱指數比較低，學習平均成績比較高。

● **在辦公室裡獨處可以提高生產力**。許多辦公室提倡開放的工作空間及大型的腦力激盪會議，但二〇〇〇年的研究〈腦力激盪的認知刺激〉（Cognitive Stimulation in Brainstorming）發現，多數人享有一些隱私時，績效較好。獨處時生產力也提升了。

● **獨處可增加同理心**。獨處時，比較可能對他人產生同理心。你和社交圈經常相處時，比較可能出現「我們 vs.他們」的心態，使你對社交圈外的人比較不同情。

● **獨處可刺激創意**。許多成功的藝術家、作家、音樂家把個人表現的進步歸功於獨處，有些研究顯示遠離社會的要求可以提升創意。

● **獨處技巧有益心智健康**。很多人主張社交技巧很重要，但證據顯示，獨處技巧對健康和幸福也一樣重要。承受孤獨的能力，和快樂、生活滿意度、壓力管理的能力有關。喜歡獨處的人也比較不會陷入憂慮。

● **獨處讓人養精蓄銳**。獨處給人充電的機會，研究顯示在自然界獨處可以休息，恢復元氣。

放慢腳步，留時間給自己可能很難，但是不那樣做可能會產生嚴重的後果。我的好友艾麗希雅幾年前就經歷過極端的後果。當時我還不認識她，所以我很訝異當她忽略照顧自己時，壓力竟然會對她的生活造成那樣大的累積效應。

那時她剛生完第一胎，每週工作二十五到三十個小時，而且那不是她喜歡的工作。她剛重返大學當全職生，因為她對於沒拿到學位一直耿耿於懷。這樣忙碌的作息使她必須經常離開新生兒，也讓她感到相當愧疚。

母職、工作、學業對艾麗希雅的情緒和身體都造成很大的傷害。她經常感到焦慮，有時甚至呼吸困難，身體開始起蕁麻疹，食慾也沒了。但是她對壓力太大的警訊置之不理，仍堅持繼續撐下去。最後，壓力壓垮她的那天，其實一開始一如往常，只是她對那天已經毫無記憶，一切經過都是後來別人告訴她的。她只記得她在醫院中醒來，家人圍在身邊。

她驚恐地得知，有人發現她在加油站陷入失智狀態，加油站的服務員發現她不知所措，叫了救護車。救護人員抵達後，問她問題，例如她的姓名、住家地址等等，她都答不出來。她只能告訴他們，她的小嬰兒獨自留在家裡。

警方搜尋她的車子，找到她的錢包和手機，聯繫她的家人。警方得知小嬰兒安全在家，並由艾麗希雅的先生照顧著，終於鬆了一口氣。艾麗希雅的家人說，當天稍早之前，她看起來很正常，她跟先生對話，準備好去上學，依依不捨地和嬰兒道別。她甚至在通勤的路上還打電話給父親，但是在開往學校的某個路段，她突然陷入失智狀態。

醫生確認她體內沒有毒品或酒精反應後，排除了中風或頭部受創的可能性。當一切測試反應都是陰性時，艾麗希雅診斷出暫時性全面失憶症，那是一種罕見的暫時失憶症，可能是嚴重的情緒低落引發的。幸好，幾天內症狀就消失了，沒有留下任何後遺症。

那件事讓艾麗希雅頓時明白了照顧自己的重要，她說以前她醒來時，只想著她「必須」完成什麼，整天忙東忙西只為了完成代辦清單。現在她放慢速度，花點時間享受當下，例如遛狗或整理院子。她更加注意自己承受的壓力程度，比以前更關心自己。她的故事很有警世意義，由此可見放慢步調及聆聽身體釋放壓力警訊的重要。

習慣獨處

凡妮莎每天排滿了活動，那些活動對她來說都比獨處還重要。確實把獨處時間變成日常慣例的唯一方法，是把獨處排入時間表，把它視同其他的重要約會。她也需要把獨處活動視為一種修鍊。學習冥想和正念之類的新技巧，以及把寫日誌變成日常習慣，都需要用心致力。一開始凡妮莎是以閱讀及瀏覽線上課程的方式學習冥想，後來她發現自己樂在其中時，還去上了冥想課程。她覺得學習愈多技巧，愈能有效地在夜裡安撫大腦。

練習習慣寧靜

多數人習慣白天周遭有很多噪音，有些人還會主動去熱鬧的地方，以免孤獨時胡思亂想。你或你認識的人是否看電視或聽廣播時容易入睡？以噪音來掩蓋思緒並不是健康的作法，在生活中加入一些安靜時刻可以幫你充電，恢復體力。每天至少花十分鐘獨自靜坐，除了思考以外，什麼都不做。如果你習慣持續的噪音和活動，一開始可能會覺得寧靜很不自在。不過，多練習就會習慣了。你可以運用獨處的時間做以下的事：

- **反省你的目標**。每天花點時間思考你的個人目標或職業目標。評估自己做得如何，思考你想做的改變。
- **注意你的感受**。檢查你的身體和情緒，想想自己承受的壓力大小，評估你是否妥善照顧自己，思考有什麼方法可以改善生活。
- **為未來設定目標**。別停止夢想你想要的未來。打造理想生活形態的第一步，是先決定你希望未來是什麼樣子。

●**寫日誌**。寫日誌是幫你更瞭解情緒並從中學習的強大工具。研究顯示，寫下經驗和相關的情緒，可以強化免疫系統，紓壓，改善心理健康。

生活在現代，我們可能隨時都和他人保持聯繫，但數位連線減少了我們獨處的機會。拿起手機看簡訊，刷手機看社群網路的內容，瀏覽線上新聞可能佔用很多時間。這裡花點時間，那裡花點時間，累積起來一天就花了好幾個小時。經常通訊干擾了日常活動，可能會增加壓力和焦慮。你可以試試以下的方法，暫時抽離科技，在日常生活中融入一些安靜時光：

沒看電視時就關掉。
開車時不聽廣播。
出去散步時不帶手機。
偶爾關閉所有的電子裝置，休息一下。

為自己安排獨處日

要讓獨處時光發揮效用，關鍵在於那必須是你自願的選擇。老人獨居，不太跟社會互動，比較可能感到孤單，而不是從獨處中受益。但是對生活忙碌、社交頻繁的人來說，安排獨處時光可以讓你好好休息，恢復活力。要是你對獨處感到不安，解決的關鍵在於為獨處營造正面的體驗。除了每天刻意騰出幾分鐘獨處以外，每個月至少安排一天與自己約會的獨處日。

把它稱為「約會」可以提醒你，那是你自己的選擇，不是因為你沒什麼人緣，而是因為那樣做很健康。二〇一一年的研究〈傳授獨處的心理效益〉（An Exercise to Teach the Psychological Benefits of Solitude: The Date with the Self）發現，絕大多數安排獨處日的人，都感受到心裡的平和與寧靜。他們喜歡那種毫無社交拘束或期待、隨心所欲的自由。少數不喜歡獨處日的人，是因為還不習慣獨自一人。不過，慢慢增加獨處時光，可以幫助他們未來更喜歡獨處。

有人可能覺得乘著小船到湖面中央垂釣，是個令人平靜又快活的體驗，但有些人可能避之唯恐不及。如果你討厭一種活動，不太可能做得長久，最好是找你喜歡的獨處活動，比較容易把它變成慣例。

如果你熱愛大自然，可以考慮到林間獨處。如果你熱愛美食，可以獨自去你最愛的餐廳。不一定要待在家裡才能體驗獨處，你可以挑選平常跟人相處時不太會做的事。只要不是埋首書中，或花時間傳簡訊給別人就好。所謂的與自己約會，重點在於獨自一人好好思考。

學習冥想

以前大家認為冥想是僧侶或嬉皮才做的事，後來逐漸獲得主流社會的接納。許多醫生、執行長、名人與政治人物，現在都覺得冥想對他們的身心靈健康有強大的影響。研究顯示，冥想會改變腦波，久而久之，大腦也會改變。研究發現，經過僅僅幾個月的冥想後，與學習、記憶、情緒調節有關的大腦區域都變厚了。

冥想也有許多情緒效益，例如紓解負面情緒，讓人對高壓的狀況產生新的觀點。有些研究指出，冥想可以減少焦慮和憂鬱，更別說是心靈效益了。有些人宣稱，光是冥想就可以讓人開悟；有些人認為冥想結合祈禱，效果更好。

還有研究指出，冥想有助於改善許多健康問題，包括氣喘、癌症、失眠、疼痛、心臟病等等。雖然有些研究受到醫學專家的質疑，但冥想對身體有強大的影響，確實是毋庸置疑的。這點問問威姆·霍夫（Wim Hof）就知道了。

霍夫運用冥想，忍受極度的冰寒，有「冰人」之稱。這位中年荷蘭男子以驚人的壯舉，握有二十幾項世界紀錄，其中包括泡在冰裡一個多小時。他曾登上吉力馬札羅山，在極圈跑馬拉松，甚至攀上聖母峰的半山腰（後來因腳傷而中斷行程），以上壯舉都是穿著短褲完成。懷疑真相的研究人員對他做了多種測試，因為很多人認為他肯定是作弊才達成那些創舉。但科學家證實，他冥想時能夠維持體溫恆定，即使暴露在極端的溫度下，體溫也不變。霍夫甚至開始教人如何以冥想來控制體溫。

雖然泡冰浴一個多小時不是我們需要或想要的技能，但霍夫的故事證實了身心之間確實有奇妙的連結。冥想有好幾種類別，你最好先研究一下，找出最適合你的類型。那不見得是很長或很正式的流程，冥想也可以是每天為了平靜心靈、培養更好的自我意識，而只做五分鐘的事。

簡易冥想的步驟

最簡單的冥想只有幾個簡單的步驟，可以隨時隨地進行：

放鬆坐下：找個可以打直脊椎的位置，例如椅子上或地板上。

專注於呼吸：緩慢深呼吸，真正感受吸氣和吐氣。

使意識回歸到呼吸上：你的大腦可能會開始胡思亂想，其他的思緒也會進入腦中，遇到這種情況時，就把注意力回歸到呼吸上。

正念的技巧

有些人常把正念視為冥想的同義詞，但兩者其實不一樣。正念是在不做任何判斷下，對當下發生的事情產生敏銳的意識。在現代社會中，我們幾乎每分每秒都想多工並行。我們遛狗時不忘發簡訊，清理廚房時不忘聽廣播，一邊跟人交談，一邊在筆電上打字。我們不注意自己在做什麼，而是放空腦袋運作。與人對話時，大腦思緒不知飄到何處。明明握著車鑰匙，卻忘了剛才拿鑰匙做了什麼。淋浴時也忘了剛剛是否洗過頭了。

有關正念的研究顯示，正念有許多類似冥想的效益，例如紓壓、減少抑鬱症狀、改善記憶、減少情緒衝動、甚至可以改善人際關係的滿意度。許多研究者認為，正念可能是尋找幸福的關鍵，有些人也覺得正念可以改善身體健康，例如強化免疫系統，減少壓力造成的身體發炎。

正念不會去想「是非對錯」，或事情「應該」如何，它讓你接受當下的想法。正念可以提升意識，幫你專注於每天做的每項活動，鼓勵你在獨處時更加自在，也幫你活在當下。

正念就像冥想一樣，也可以從閱讀書籍、觀看影片、參加研討會及進修活動等等，學習正念的技巧。不同的人教法也各異，所以萬一某種教法不適合你，你可以探索其他的機會，學習其他的方式。培養正念技巧的關鍵在於，記得正念需要多練習和用心致力才會學得好。不過，學習這些技巧可以改變生活品質，讓你對獨處產生新觀點。

修習正念的方法

許多練習可以幫你修習正念。練習愈多，每天做日常活動時會變得更有知覺、更加清醒。以下是一些幫你培養正念的練習：

- **掃描身體：**慢慢注意從腳趾到頭頂的每個身體部位，尋找身體特別緊繃的所在，練習放鬆緊繃，鬆弛肌肉。
- **數到十：**閉上眼睛，慢慢數到十。注意你的大腦可能在過程中分神，思緒不知飄到哪裡去。這時把注意力重新拉回緩慢的數數。
- **有意識地觀察：**找一個擺在家裡的日常物件，例如筆或杯子。把那個東西拿在手中，注意力完全放在那個東西上。仔細端詳它的樣子，注意拿在手裡的手感，但不做任何評估或判斷，就只是專注於眼前的東西。
- **用心吃一口食物：**拿一小塊食物，例如葡萄乾或堅果。盡可能以多種感官知覺去探索它，例如端詳它、注意它的質地和顏色。接著，細細體會它在手中的手感。然後，注意它聞起來的味道。之後，放入嘴裡品嘗，慢慢咀嚼，注意其風味和嘴裡的感覺，至少品味二十秒。

享受獨處如何使你更堅強

凡妮莎學會運用工具來減少腦中紛亂的思緒後，她覺得自己不再需要藥物助眠了。她可以運用冥想和正念來安撫大腦，加速入睡。她也注意到這些技巧對職業生涯的影響，一整天下來的注意力也提升了。她覺得自己變得更有生產力，即使行程表混亂，也不再感到雜亂無序。

學習安撫心靈的技巧，讓自己獨處時更加自在，是改變人生的強大體驗。丹·哈里斯（Dan Harris）在《快樂多一點》（*10% Happier*）一書裡，描述冥想如何改變他的生活。哈里斯是ABC電視台《夜線》（*Nightline*）的共同主播及《早安美國》（*Good Morning America*）的週末主播，每天都需要在鏡頭前呈現最佳狀態。但某天他在播報新聞時，恐慌症突然發作。突如其來的焦慮大舉侵襲，令他當場無法說話，喘不過氣來，被迫中斷播報，他說那是他這輩子最尷尬的時刻。後來他得知，恐慌症發作可能是因為他為了解決憂鬱症而嗑搖頭丸和古柯鹼造成的。雖然他已經好幾週沒嗑藥了，但藥效仍殘留在腦中。恐慌症的發作促使他停止嗑藥，開始另尋管控壓力的方法。

約莫同一時間，公司指派哈里斯做一系列的宗教報導。這次報導的契機，讓他接觸到冥想。一開始他覺得自己不可能對冥想感興趣，但他愈是學習冥想，想法也變得愈開明。最後他親身體會到，冥想可以提供他務實的對策，幫他安撫腦中焦慮的思緒。

他坦承一開始他不太敢告訴別人他在練習冥想，但後來他覺得分享經驗可以幫助他人。他很清楚冥想並未神奇地解決生活中的一切問題，但他說冥想讓他的心情變好百分之十。他在書中提到：「在我們直探內心以前，其實不知道自己的生活是什麼樣子。」

花點時間獨處，無論是冥想或利用那個時間反省你的目標，都是認識自己的最好方法。就像你需要花時間陪伴你想要瞭解的摯愛對象一樣，你也需要花時間瞭解自己。改善自我認知，可以幫你找出阻礙你充分發揮潛力的障礙。

解惑及常見陷阱

如果你曾經想像自己擱淺在荒島上，那表示你早該學習獨處了。不要害怕安排獨處的時間，那樣做不是自私，也不是浪費時間。那可能是你做過最有益的事情之一，可以在各方面改善你的生活，幫你學習享受每個時刻，而不是匆忙完成一個接一個的任務，完全沒注意到周遭發生了什麼。

實用技巧

學習欣賞寧靜。

每天騰出幾分鐘獨處。

每個月至少安排一天「獨處日」。

學習如何冥想以安撫大腦。

修習正念技巧，一次專注一項工作。
寫日誌來整理情緒。
每天思考你的進度和目標。

當心陷阱

無時無刻地維持背景噪音。
匆忙完成一個接一個的任務，一心只想持續生產東西。
行事曆裡排滿社交活動，完全不留點時間給自己。
認為冥想不可能有幫助。
整天多工並行，腦袋放空。
認為寫日誌是浪費時間。
看著代辦清單，根據每天完成幾項任務來判斷每天的進度。

12
13

不怨天尤人

別到處怨天尤人，這個世界沒有欠你什麼，它比你先來。

——羅勃・瓊斯・博戴特（Robert Jones Burdette，美國幽默作家）

盧卡斯來做心理治療，因為人資部建議他利用公司的「員工協助計畫」，解決他最近在工作上遇到的問題。盧卡斯透過該計畫獲得幾次免費的心理輔導療程。

盧卡斯最近剛拿到企管碩士學位（MBA），進入一家大公司上班。他對這份工作很興奮，也很認同這家公司。但他覺得同事們看到他加入並沒有那麼興奮，他說他常建議上司如何提升公司的獲利，他也會想辦法幫同事提升效率和生產力。他在每週團隊會議上提出意見，但他覺得大家都不把他的意見當回事。他甚至跟老闆約好時間面談，要求老闆把他升到領導職位。他覺得擁有較多的職權後，其他人會比較願意接受他的意見。

但令他沮喪的是，上司無意拔擢他，還告訴他，要是想繼續留在公司，「姿態要低一點」，因為同事已經在抱怨他的態度了。他和老闆開完會後，直接去找人資部申訴，所以人資部才推薦他來接受心理輔導。

盧卡斯來找我談時，他說他覺得自己理當獲得升遷。雖然他是新人，但他確定自己有優異的點子，可以讓事業獲利增加，他值得領更多的薪水。我們談到他覺得自己是難能可貴的人才，但他的老闆可能不這麼想。我們也談到他那樣大膽的想法可能衍生什麼後果。他坦承他的主張顯然在辦公室裡招惹了麻煩，同事都覺得他很煩，老闆更覺得他是在找碴。

盧卡斯知道他那種「自以為無所不知」的態度惹人厭以後，我們討論同事和他共事時的可能想法。有些同事已經在公司服務數十年了，慢慢在公司裡升遷。盧卡斯知道，當一個剛畢業的新人對他們提出建議時，有些人會覺得很礙事。他坦承他常覺得他們「很笨」，我們討論這種想法只會讓他顯得更霸道。他試著轉念，以瞭解這些資深員工對公司的價值。他不再覺得同事「很笨」，他告訴自己，他們只是做事的方法不同罷了。當他又覺得自己比其他的員工優異時，就提醒自己才剛畢業，還有很多東西需要學習。

盧卡斯答應寫一張行為清單，列出老闆希望看到優秀員工有哪些表現。他列好清單後，我們檢討他符合清單上的哪些行為，他坦承自己沒做到清單上的每一項，例如支持其他員工、展現尊重的態度。他給人的感覺太愛現，要求太多了。

盧卡斯答應把這些新發現的觀點套用在辦公室的行為上，兩週後他再回來做心理輔導時，提到他正在做的一些改變。他說，他不再貿然給別人意見，他發現自從態度收斂、不再逼迫別人聽他的意見後，大家比較願意問他問題，徵詢他的意見。他認為狀況確實改善了，他有信心變成有價值的員工，不再自以為是難得的人才。

宇宙的中心

我們都希望人生是公平的，每個人都得到他應得的部分。不過，單憑你是誰或吃過什麼苦，就覺得別人或上天欠你什麼，那是不健康的想法。你是否有以下的情況？

- □ 你覺得自己在各方面的表現，大都優於平均，例如開車或與他人互動。
- □ 你比較可能靠三寸不爛之舌撇清問題，而不是接受後果。
- □ 你覺得你先天就是成功的命。
- □ 你覺得自我價值和物質財富相關。
- □ 你認為你理當幸福快樂。
- □ 你覺得你遇到的問題已經夠多了，該換好運降臨在你身上了。
- □ 你比較喜歡談論自己，而不是聆聽別人的事。
- □ 你覺得自己很聰明，不需要太努力就能成功。
- □ 你有時買下無力負擔的東西，並告訴自己值得擁有那個東西。
- □ 你覺得你在許多方面都是專家。

以為自己是特例，所以不太需要努力，或不需要經歷別人遇到的過程，那樣的想法都不太健康。但你可以學習停止抱怨，想辦法提升心智強度，讓你不再覺得很多事情都是你應得的。

爲什麼會怨天尤人

盧卡斯是獨子，從小到大，父母都讓他相信他是天生的領導者，注定出人頭地。所以踏出校園後，他覺得自己注定會有卓越的成就。他以為任何雇主都能馬上看出他才華洋溢，覺得能找到他加入團隊實在很幸運。

像盧卡斯那樣的人隨處可見，有些人遇到不幸，覺得自己應該獲得補償；有些人則以為自己比別人優秀，理當獲得獎勵。我們很容易發現別人有這種自以為是的特質，但其實每個人偶爾都有類似的想法，自認為理當獲得什麼，只是我們自己沒察覺到。

這個世界常把權利和資格混為一談。有些人覺得自己「有幸福快樂的權利」或「受到尊重的權利」，即使他們可能要侵犯他人的權利才能得到想要的東西。他們不努力掙得資格，而是表現出一副社會虧欠他們的樣子。廣告宣傳自我寵愛和物質主義，誘使我們消費購物。不管你有沒有財力負擔，一味宣傳「這是你應得的」，促使很多人因此債台高築。

覺得世界欠你什麼，不見得都是優越感作祟，也有可能是覺得世界很不公平。例如，幼年困頓的人在成年後，可能為了彌補幼年的缺憾，刷爆卡買很多東西。他可能覺得這個世界欠他享用好東西的機會，因為幼年時期他都沒用過。這種享權資格（entitlement）可能跟優越感一樣有害。

心理學家、亦是《Me世代》（*Generation Me*）、《自戀時代》（*The Narcissism Epidemic*）的作家珍．圖溫吉（Jean Twenge）做了很多自戀和享權資格的研究。她的研究發現，年輕世代對物質財富的渴望漸增，對工作的渴望漸減。她認為這種脫節現象可能是以下幾種因素造成的：

- **太強調幫孩子培養自信。**學校培養自信的課程，使孩子相信他們各個都很特別。讓孩子穿上印有「凡事操之在我」的T恤，一再告訴他們「你是最棒的」，也膨脹了他們的自尊。
- **過分溺愛會阻礙孩子學習為行為負責。**讓孩子予取予求，不守規矩也不受懲罰時，他們就不懂得憑實力掙得東西的價值。無論行為好壞，他們都獲得過多的物質享受和讚美。

● **社群媒體助長了自以為了不起的錯誤觀念。**年輕人無法想像沒有「自拍」和「炫耀式部落格」的世界。社群媒體是否助長自戀，或只是讓人抒發優越感的出口，我們還不確定。但有證據顯示，有些人使用社群媒體是為了提升自信。

自命不凡的問題所在

盧卡斯自命不凡的傾向，使他不僅在職場上欠缺人緣，也難以迅速升遷。

自命不凡的心態會阻止一個人憑實力掙得功績。當你忙著抱怨自己沒得到應有的東西時，比較不可能努力做事。你覺得憑你的身分地位或經歷，你就應該得到。當你主張這個世界虧欠你時，你無法為自己的行為負責。

你會對別人提出不切實際的要求，或一心只想獲得你認為自己應得的東西，才能對人際關係有所貢獻。

如果你老是要求：「應該有人關心我，善待我」，你很難付出關愛和尊重，吸引善待你的人接近。

當你只在乎自己時，很難產生同理心。如果你總是覺得**我應該買好東西犒賞自己**，那又何必為他人奉獻時間和金錢呢？你無法體驗施與的快樂，只惦念著自己沒得到什麼。

當你得不到想要的一切時，自命不凡的心態可能變成怨恨，開始覺得自己像受害者。你不再慶幸自己擁有什麼，或享受你能自在參與的事物；而只想著自己缺了什麼，或無法做的事，你可能因此錯過一些人生最棒的體驗。

別自以爲是

盧卡斯需要瞭解，自命不凡的心態對他和周遭的人有何影響。他明白別人對他的觀感後，就能改變對同事的看法以及對待同事的方式。努力工作的意願，再加上謙虛的心態，幫助盧卡斯繼續留在職場上。

注意你是否有自命不凡的心態

我們常在媒體上看到，富人、名人、政客的囂張言行，好像一般法律和規範都不適用在他們身上似的，因為他們比較特別。例如，一位青少年在德州酒駕撞死四人，遭到謀殺罪起訴。他的辯護律師主張，那位少年罹患「富流感」（affluenza），亦即他覺得自己凌駕於法律之上。他們的論點是：少年生於富貴之家，深受家長寵愛，家人從未要求他為自己的行為負責，所以不該以謀殺罪起訴。後來法院強制要求少年去勒戒中心接受治療並判處緩刑，但無需坐牢。這類案例讓我們不禁質疑，這個社會是否日益包容這種「世界虧欠他們」的心態。

比較隱約的「自以為是傾向」也日益常見。當夢寐以求的工作沒錄取你時，朋友的常見反應是「會有更好的工作上門」，或「歷經那麼多不如意，一定會有好事發生的」。即使朋友講這些話立意良善，實際上世界並不是那樣運作的。即使你是世界上最聰明的人，或撐過史上最惡劣的難關，你也無法因此享有更多的好運。

多留意這類隱約的自以為是。注意你是否有些想法顯示你覺得世界虧欠你，例如：

我應該得到比這個更好的東西。

我才不要遵守那條規定，那規定太蠢了。

我比這個更有價值。

我注定會很成功。

好事會降臨在我身上。

我向來很特別。

自以為是的人大都缺乏自知之明，他們覺得別人應該以他們看待自己的方式來對待他。注意你的想法，隨時謹記以下事實：

- **人生本來就不公平**。沒有神或任何人可以確保人人平等，有些人就是比較好運，那就是人生。即使你運氣一直很糟，並不表示世界虧欠你什麼。
- **你的問題並非獨一無二**。雖然沒有人的人生跟你一模一樣，但其他人也經歷了同樣的問題、傷痛和悲劇。很可能世上有許多人克服過更惡劣的困境，沒人能保證人生輕鬆如意。
- **面對失意的方式是你自己的選擇**。即使你無法改變情況，你可以決定因應的方式。你可以決定去處理問題、情境或悲劇，不陷入受害者的心態。
- **你並沒有比別人更有資格擁有**。雖然你和每個人都不一樣，但沒有哪一點可以證明你比別人好。沒有理由可以解釋好事就該發生在你身上，或是你有資格不勞而獲。

專注施與，而非取得

我第一次聽到「莎拉之家」（Sarah's House），是來自廣播節目的廣告宣傳一個即將展開的募款活動，後來我才知道莎拉和我是在同一個城鎮成長的。事實上，我還見過她。就在我母親過世的前一晚，我們都去了那場籃球賽，我回想起籃球隊裡有一對雙胞胎，其中一位就是莎拉．羅賓森（Sarah Robinson）。

後來我也見到了莎拉的雙胞胎妹妹琳賽．特納（Lindsay Turner），她告訴我有關莎拉的一切。莎拉二十四歲時，診斷出腦瘤，她動了手術，又做了一年半化療，最後還是抵抗不了病魔。在抗癌的過程中，莎拉從未哀嘆她罹患癌症有多麼不公平，而是忙著完成使命以幫助他人。

莎拉在治療中心認識其他的癌症病患，當她得知很多人是從大老遠開車過來接受治療時，她相當驚訝。有些病患住在緬因州鄉下，因為他們負擔不起旅館房間，所以每天開五小時的車程，往返於家裡和治療中心之間，每週五天，連續六週。有些人甚至把車子停在沃爾瑪的停車場，睡在車內。莎拉知道這些都不是抗癌的好方法。

莎拉想協助他們，她原本開玩笑說，她可以買雙層床，讓大家借宿在她家，但她知道那不是長久之計。所以她想在治療中心的旁邊，設立一個療養之家。莎拉加入地方的扶輪社多年，扶輪社的座右銘是「超我服務」，那顯然也是莎拉的信念。她向扶輪社宣傳那個點子，會員同意幫她建立療養之家。

她熱切推動那個點子，不辭辛勞地落實計畫。事實上，她的家人說，莎拉接受化療時，仍常利用晚上的時間執行那項專案。即使她的健康日益惡化，態度卻依舊積極。她告訴家人：「我不是提早離開派對，而是率先抵達。」她不僅對上帝有強烈的信念，對於設立療養之家的渴望也不遑多讓。

二〇一一年十二月，莎拉過世，得年二十六歲。親友依照她的遺願，幫她繼續完成「莎拉之家」。十八個月內，他們就籌募了近一百萬美元。連莎拉的女兒也加入募款，她有一個罐子，上面貼著「莎拉之家」的標籤，她把為媽媽賣檸檬水賺的錢都捐出來了。志工不辭辛勞地改裝一間舊家具店，把它變成九間房間的安養之家，永遠不拒絕上門投宿的病患。

多數診斷出絕症的人可能會問：「為什麼是我？」莎拉沒有那樣的心態。當她的健康惡化到無法自己更衣時，必須仰賴先生的協助，她在日記裡寫道：「我是世界上最幸運的女人！！！」

她在另一篇日記裡寫道：「我非常肯定，我已經『精銳盡出』，毫無保留了。我沒有遺憾，我生命中的人都知道他們對我的意義，我會永遠清楚地展現出來。」莎拉確實把一切都奉獻了給人生，那可能是她那麼勇敢面對死亡的原因。她過世不久前，透露她有個心願，是激勵大家加入當地的慈善組織，因為「那才是人生的目標」。她清楚表示，沒有人在臨終前還希望在辦公室多待一天，但他們都希望以前能多幫助他人。

莎拉從來不因為罹癌而浪費時間怨天尤人，她把焦點放在她能為世界奉獻什麼，以不求回報的心幫助他人。

以和為貴

無論是和同事相處，培養真實的友誼，或是改善感情關係，除非以和為貴，否則都很難做到。別老是覺得你的主張比較公平，你應該採取下列作法：

- **努力投入，不要只在乎自己**。不要覺得你多有資格，你應該想想你付出多少，每個人都有進步的空間。
- **虛心接受批評**。有人給你意見時，別急著說：「那個人很蠢。」別人是根據他們對你的觀感給的意見，他們的觀感當然和你的不同。接受衡量他人的評論，並思考你是否想要改變。

● **承認缺失和弱點**。無論你願不願意承認，每個人都有缺失和弱點。承認你有不安全感、問題、不討喜的特質，可以避免自我膨脹。但也不要拿那些缺點作為世界虧欠你的藉口。

● **暫時停下來，想想別人的感受**。不要一心想著你理當獲得什麼，花點時間思考別人的感受，對別人多展現點同理心，可以減少自我意識的膨脹。

● **別斤斤計較**。無論你是成功戒除毒癮或是扶老人過街，這世界都沒有虧欠你什麼。別惦記著自己做了哪些好事，或受了哪些委屈，因為當你那樣想又得不到補償時，只是徒增失望罷了。

謙虛使你更堅強

一九四〇年，威瑪・魯道夫（Wilma Rudolph）早產出世，重量不到一千九百克，體弱多病。四歲時，她罹患小兒痲痺，左腿和左腳因此扭曲，不得不穿上腳架，直到九歲。接著，她又穿了矯正鞋兩年。在物理治療下，魯道夫十二歲時終於可以正常行走，而且有生以來第一次加入體育校隊。

那時她發現自己對跑步的熱愛及天分，開始接受訓練。十六歲時，她獲選進入奧運代表隊，是隊上最年輕的運動員，在四人百米接力賽中贏得銅牌。魯道夫回國後，開始為下屆奧運會受訓。她進入田納西州立大學就讀，持續跑步。在一九六〇年的奧運會上，魯道夫成為第一位在單屆奧運會中連奪三面金牌的美國女性，被譽為「史上最快的女人」，並於二十二歲時離開賽場。

很多人把成年遇到的問題怪罪於童年經歷的困境，魯道夫從未那樣想過。她大可把任何缺點都歸因於自小體弱多病，或是身為黑人女性所面對的種族歧視，或是從小在貧民區成長。但魯道夫並未怨天尤人，她曾說：「無論你想完成什麼，那完全是紀律問題。我下定決心，這輩子要好好探索貧民區以外的人生。」她就是憑著那股意念，從原本穿著腳架走路，在五年內抱回了奧運獎牌。一九九四年魯道夫過世，但她的遺澤流傳至今，持續激勵新世代的運動員。

堅持你有資格獲得比實際還多，對你的人生不太可能有幫助，那只是在浪費時間和精力，徒增失望。盧卡斯發現，他不再處處炫耀時，變得更樂於學習，也因此改善了工作績效。那也是幫他達成升遷目標的必要條件。

當你不再要求你應該獲得更多，對自己擁有的一切感到滿足時，就能從人生中獲得很大的效益。你將懷著知足平靜的心前進，不再感到憤恨不平。

解惑及常見陷阱

提升心智強度有時需要接受現實狀況，而非抱怨你應該獲得更多。我們都想說，自己不曾怨天尤人（畢竟怨天尤人不是討喜的特質），但有時候我們確實會覺得自己在某些方面受到虧欠。你應該注意那種心態悄悄潛入人生的時機和領域，積極消除那種自我毀滅的心態。

實用技巧

培養適度的自信。
找出你自命不凡的領域。
專注施與，而非獲得。
回饋給需要幫助的人。
以和為貴。

想想他人的感受。

當心陷阱

對你自己和你的能力過於自負。
堅持你幾乎在各方面都比多數人優異。
對於你自認為應得的東西斤斤計較。
拒絕施與他人，因為你覺得你並未獲得應有的東西。
永遠只為自己的最佳利益著想。
只考慮到自己的感受。

13

不求立竿見影

耐力、毅力、努力是所向無敵的成功組合。

——拿破崙．希爾（Napoleon Hill，美國著名勵志大師）

瑪西無法找出她對生活不滿的確切原因，但她說她對整體都不太滿意。她解釋她的婚姻狀況「還可以」，與兩個孩子的親子關係也很健康。她不是很在意工作，但那確實不是她夢想的職業生涯。她就是不如自己想要的那麼快樂，覺得壓力比一般人大，但又說不出個所以然。

多年來，她讀了很多自我成長的勵志書籍，但沒有一本改變她的人生。兩年前她做了三次心理治療，也對她的生活毫無影響。她很確定更多的心理治療沒有幫助，但她覺得，如果她能向醫生證明她做了幾次心理治療都沒有用，醫生也許會願意開藥給她，讓她感覺更快樂一點。她一來就講明，在這個人生時間點上，她實在沒時間或精力專注於心理治療。

我跟瑪西說，她那樣想沒錯，如果她現在不願花心思做心理治療，治療也不可能會有效果。但我也告訴她，吃藥通常也無法立即見效。事實上，多數抗憂鬱藥物至少要服用四到六週，才會察覺變化。有時甚至需要好幾個月，才會找到適合的藥物和劑量。有些人則是永遠也看不到狀況好轉。

我解釋，心理治療不需要一輩子投入，其實短期治療就有效果。治療是否成功，以及多久可以看到成效，不是看治療次數而定，而是看她下了多少工夫。瑪西對心理治療有了新的認知之後，她說她需要花點時間思考各種選項。幾天後，她打電話來，說她願意試試心理治療，把治療當成生活中的優先要務看待。

經過幾次治療後，我可以明顯看出，瑪西對於生活中的許多領域，總是預期立竿見影的效果。每次她嘗試新的東西，無論是運動或嗜好，只要看不到她想要的效果，很快就放棄。有時她想改善婚姻狀況，因為她真的希望夫妻關係能「美滿」，而不是普通。連續幾週，她竭盡所能地扮演賢妻的角色，但是當她無法馬上感受到婚姻美滿的喜樂時，她就收手了。

後續幾週治療時，我們討論她對立即滿足的預期，不僅影響到她的私人生活，也影響到專業。她一直想攻讀碩士學位，以利職場上的晉升，但她覺得那可能得花很多時間，所以沒去多想。於是讀研究所的念頭就這樣擱了十年，現在她比以前更沮喪了。

瑪西持續來做心理治療，後來的那幾個月，她找了一些對策來幫她因應失落感及培養耐心。她開始注意幾個她想達成的目標，包括學歷深造及改善婚姻。她找出一些小小的行動步驟，我們也討論如何衡量進度。瑪西以新的態度追求新的目標，她知道明顯的成效需要一段時間才會看到，她已經為此做好心理準備了。

她也注意到這次堅決改變的決心，讓她對未來產生新希望，使她能夠一次往前邁進一步，改善生活。

缺乏耐心

雖然我們活在步調迅速的世界裡，但你想要的一切東西，並非馬上都能得到。無論是改善婚姻或是創業，預期立竿見影的效果都注定要失望。你是否有以下幾種情況？

- □你不相信好事會降臨在耐心等候者的身上。
- □你覺得時間就是金錢，不想浪費一分一秒。
- □耐心不是你的強項。
- □只要看不到立即的效果，你就認為那樣做沒效。
- □你希望現在就完成事情。

□你經常找捷徑，有了捷徑，就不必花那麼多工夫和精力得到想要的東西了。
□別人不照你的步調做事時，你很受不了。
□結果出現得不夠快時，你就放棄了。
□你難以堅持目標。
□你覺得一切事情都該速戰速決。
□你常低估達到目標或完成事情所需的時間。

心智堅強的人知道，應急的對策不見得是最佳方案。如果你想充分發揮潛力，你需要培養務實的預期，瞭解成功並非一蹴可幾。

爲什麼我們會期待立竿見影的效果

瑪西覺得她只是隨著年紀增長，愈來愈沒耐心罷了。事情不照她的步調發生時，她就變得比較嚴苛。事實上，她現在的口頭禪變成：「我等得頭髮都白啦！」她那種咄咄逼人的姿態，套在某些方面，效果還不錯，例如孩子和同事都知道她不是在開玩笑，比較可能順著她的意思執行。但是沒耐性也蔓延到其他領域時，對她就不是那麼有利了，也壞了一些人際關係。

瑪西希望心情迅速變好，那也不是特例。美國有十分之一的人服用抗抑鬱藥，抗抑鬱藥可以幫人舒緩臨床抑鬱症。但研究顯示，多數服用抗抑鬱藥的人並未得到專業心理醫生的診斷，可是很多人還是想靠吃藥盡速改善心情。孩子也有類似的情況，有些家長看到孩子的行為難以控管，就要求醫生開藥。真正的注意力不足過動症確實服藥後會有效果，但沒有任何藥物有魔法似的能讓孩子守規矩。

我們活在「不用排隊、不用等待」的快速世界裡。現在不需要寄實體郵件，等幾天後才抵達，電子郵件可以在幾秒內就傳輸到世界各地。我們不需要等電視廣告結束，才繼續看最喜歡的電視節目。有了電影隨選服務，幾乎每部電影都可以在想看的時候隨時點播。微波爐和速食讓我們在幾分鐘內就可以吃到熱食。幾乎任何東西都可以上網訂購，並在二十四小時內送到門口。

不僅這個步調迅速的世界讓我們更不願等待，而且現在隨處可以看到「一夕爆紅」的故事，例如小歌手從 YouTube 影片發跡，或是真人實境秀的節目參與者突然變成名人。或是新創企業成立不久就賺了數百萬美元。這類故事助長了我們凡事都想立刻看到結果的渴望。

儘管不少人物和事業一夕爆紅，現實中的成功鮮少是一蹴可幾的。推特（Twitter）的創辦人花了八年開發行動和社交產品，之後才創立推特。蘋果的 iPod 花了三年及改版四次，銷售才開始飆升。亞馬遜創業七年後才開始盈利。有些傳說常把這些事業描述成一夕成名，那是因為大家往往只注意到結果，沒看到過程。

這也難怪很多人期待在生活中看到立竿見影的效果，無論是戒除惡習（例如暴飲暴食）或努力達成某個目標（例如還清債務或拿到大學學歷），我們都希望馬上見效。以下是我們預期馬上看到結果的其他原因：

- **缺乏耐心**。從舉手投足可以明顯看出，我們期待事情立即進行。要是無法馬上看到結果，我們就放棄。麻州大學阿默斯特分校（UMass Amherst）的資工系教授拉梅什・西塔拉曼（Ramesh Sitaraman）發現，一般人對科技的耐心只有兩秒。兩秒內網路影片還沒載入播放，大家就離開網站了。顯然，大家都很沒耐性，無法立刻得到想要的結果時，那也影響了我們的行為。
- **高估自己的能力**。有時我們容易覺得自己做得很好，應該會馬上見效。有人可能誤以為他加入公司一個月就能衝出全公司最好的業績，有人可能以為兩週就能減十公斤。當你表現不如預期時，這類高估只會讓你大失所望。

● **低估改變需要的時間。**我們習慣科技迅速幫忙完成事情，因此誤以為生活中各領域的改變都可以迅速達成。我們忽略了個人改變、事業經營、人事運作都無法像科技那麼迅速。

期待立竿見影的問題所在

瑪西錯失了一些新的機會，因為她只想做迅速見效的事情。她雖然花了很多時間閱讀自我成長的勵志書籍，但沒把書上的知識運用到生活上。她做心理治療時總是很快放棄，希望醫生開藥能奇蹟似地改變她的生活。她忽略了很多改變生活的機會，因為她老是想看到立竿見影的效果。

預期改變很容易或結果可以迅速達成，這類不切實際的想法注定會讓你失望。一九九七年的研究〈治療結束後的自我效能〉（End-of-Treatment Self-Efficacy: A Predicator of Abstinence）發現，戒酒者離開戒癮中心時，若對於自己的戒酒能力太有自信，反而容易再犯酒癮。過於自信可能讓你以為，你可以輕鬆達成目標。當你無法看到立即的效果時，就很難堅持下去。

期待立竿見影的效果，也可能讓你太早放棄努力。當你無法立即看到成效時，你可能誤以為你的作法行不通。業主花大錢做行銷活動，業績沒有馬上飆漲，他可能以為那些行銷都沒用。但也許廣告投資提升了品牌知名度，長期而言可以穩定地提升業績。有人可能上健身房一個月，照鏡子仍不見肌肉變大，於是就認為運動無效。但實際上，他正緩慢改變，需要幾個月而非幾週才會看到成效。有研究顯示，現代人放棄目標的速度比以前快。一九七二年的研究〈自發性的行為改變意圖〉（Self-Initiated Attempts to Change Behavior: A Study of New Year's Resolutions）發現，百分之二十五的參試者在十五週後放棄新年立下的心願。快轉到一九八九年，研究顯示百分之二十五的人一週後就放棄了。

當你預期立竿見影的效果時，也可能出現以下的負面結果：

● **你可能想抄捷徑**。結果出現得不夠快時，你可能會改採不正規的方式，倉促完成。減肥者在兩三週內看不到成效時，可能會改用偏激的速成法，加快燃脂。想要迅速變強的運動員可能服用禁藥。捷徑可能造成危險的後果。

● **你不為未來預作準備**。現在就想獲得一切，會阻礙你看清長期的大局。從大家的投資方式，最能明顯看出這種追求速效的渴望。大家想馬上看到投資報酬，而不是等個三十年。二〇一四年退休信心調查發現，百分之三十六的美國人存款或投資金額不到一千美元。顯然，有些經濟因素可能阻礙大家儲存退休金，但追求即時滿足的渴望也可能是原因之一。很多人不想長期投資是因為他們現在就想消費。

● **不切實際的預期可能衍生錯誤的結論**。如果你預期馬上見效，可能會覺得自己已經看得夠多了，足以得出結論，但實際上你可能還沒想透，無法精確評估。創業後無法在一年內盈利的人，可能認為自己是商界的失敗者，因為他完全賺不到錢。但實際上，他只是沒讓新事業有足夠的時間步上軌道罷了。

● **導致負面及不安的情緒**。事情發展不如預期時，你可能會感到失望、不耐、沮喪。一旦產生負面情緒時，進度可能減緩。當你認為自己應該獲得更好的結果時，可能乾脆放棄。

● **你可能出現破壞目標的行為**。不切實際的預期可能影響你的行為，更難達到你想要的結果。你希望蛋糕迅速出爐時，可能會反覆開烤箱門檢查。打開一次，熱氣就散一次，蛋糕反而需要更久的時間才能烤好。當你預期事情迅速發生時，你的行為可能在無意間干擾了成果。

長期堅持下去

瑪西接受結果不會馬上出現以後，必須決定要不要致力投入治療。她已經厭倦了其他作法都看不到希望，所以答應試試心理治療。她也知道不全心投入就沒有效果。治療結束時，她也發現自我改善就像生活中的其他變化，不會馬上見效，她需要在人生過程中持續為個人成長投入時間和精力才行。

養成務實的預期

如果你的年收入只有五萬美元，你不可能在半年內還清十萬美元的負債。你要是等到五月才開始運動，也不可能在夏季來到前就迅速減去十公斤。你剛進公司的第一年，不太可能馬上在公司裡迅速升遷。如果你心存這些預期，可能永遠都達不到目標。養成務實的預期，才能讓你長期充滿鬥志。以下是幫你為任何目標培養務實預期的對策：

- **別低估改變的難度**。承認做不一樣的事情、努力達成目標，或戒除惡習都不是容易的事。

● **避免為目標的達成設立明確的時間限制**。你可以預估結果出現的時間，但避免設下明確的時間表。例如，有些人聲稱，養成好習慣或戒除壞習慣需要某個天數（那個神奇數字通常是二十一天或三十八天，看你讀哪份研究而定）。但如果你靜下來好好想想，顯然那不是實情。我只要連續吃兩天冰淇淋，就習慣每天把冰淇淋當甜點。但我需要六個月才能戒掉早餐喝咖啡的習慣。所以別因為你覺得「應該怎樣」，就把時間表掐死。你應該維持彈性，瞭解很多因素都會影響結果出現的時間。

● **別高估結果對你的效益**。有些人心想：「要是減十公斤，我的生活各方面都會好很多。」但是開始減肥後，他們並未看到想像的神奇效果，結果大失所望，因為他們高估了結果。

進度不見得都很明顯

我和幾位治療師曾經輔導一個親子教養團體，參加那個團體的家長大都有學齡前的孩子，他們最想解決的常見行為問題是孩子哭鬧。當然，小孩得不到想要的東西時，本來就容易任性地賴在地上哭鬧。那個課程鼓勵家長，別理會這種想要引起父母關注的行為。我們提醒家長，這類行為在好轉之前可能會鬧得更凶，但家長常覺得忽略孩子哭鬧沒有效果。我問為什麼時，他們說：「你不理他，他叫得更大聲。」或「她就站起來，跑向我，又賴回地上，在我面前繼續哭鬧。」

這些家長沒注意到的是，他們一開始對孩子哭鬧置之不理其實正在發揮效果。小孩知道父母不會妥協，所以四歲小鬼開始變本加厲。他們心想，要是稍微哭鬧無法讓爸媽妥協，最好再大聲一點就能得到想要的東西。每次家長妥協時，就等於應驗了哭鬧有效。但是家長若能持續忽略這種尋求關注的行為，孩子久而久之就會瞭解哭鬧不是有效的方法。家長往往需要有人向他們保證，孩子愈哭愈大聲，並不表示他們的管教方式無效。

達成目標的進度不見得都是直線，有時情況會先變糟，才會開始好轉。有時候你可能覺得自己好像走兩步，退一步。不過，只要牢記長期目標，那可以幫你理性地看待挫敗。在你開始朝目標邁進以前（無論是創業或學習冥想），你可以自問以下的問題，思考如何衡量進度：

我怎麼知道我做的事情有效？

期待何時看到初步結果才是務實的？

一週、一個月、半年、一年內期待看到哪些結果是務實的？

我怎麼知道我仍持續邁向目標，沒有脫離正軌？

練習延遲享樂

有些人似乎比其他人更擅長延遲享樂，但每個人多多少少都會受到立即享樂的誘惑。很多問題的核心都是出在即時享樂，例如一些嚴重的身心問題、財務問題、成癮問題。有人減肥時，可能抗拒不了餅乾的誘惑。有人的生活深受酒精的危害，但無法戒酒。即使你在生活中的某些領域很擅長延遲享樂，但也很可能在其他領域覺得力不從心。

人稱「魯迪」的丹尼爾・魯提格（Daniel "Rudy" Ruettiger）就是一個很好的例子。他的故事激勵人心，在一九九〇年代初期還改編成電影，那是劣勢者憑藉努力和堅持終於成功的故事。魯迪的父母育有十四個孩子，他排行老三，從小夢想進入聖母大學就讀。但他有誦讀困難，學習吃力；申請聖母大學，但遭拒三次。於是，他到附近的聖十字學院就讀，努力用功兩年後，一九七四年終於獲得聖母大學錄取。

他不僅渴望成為成績優異的學生，也夢想加入美式足球校隊。但是他身高僅一六八公分，體重七十五公斤，看來一點都不像運動員。不過，聖母大學允許學生報名參加「隨隊練習生」的遴選，魯迪獲准加入練習隊，練習隊的目的是幫校隊準備即將到來的比賽。魯迪全心投入，每場練習都傾注全力，他的努力和付出贏得了教練和隊友的尊重。大四最後一場比賽時，教練讓他在比賽的最後幾分鐘上場防守。魯迪就像平常練習一樣，在球場上使出渾身解數，成功地抵擋了四分衛。隊友都為他感到驕傲，把他高高舉起，喊著「魯迪！魯迪！魯迪！」，一路把他抬到場邊。

顯然，魯迪有延遲享樂的本事，他辛苦多年終於達成目標，並未期待馬上看到結果，最後他在一場球賽中只實際上場幾分鐘。

不過，他在生活的某些領域能夠堅持到底，並不表示他完全不受立即享樂的誘惑。二〇一一年，美國證券管理委員會發現他參與股票炒作，指控他證券欺詐。魯迪創立一家公司，生產名叫「魯迪」的運動飲料，但證管會發現，魯迪和公司的其他股東為了拉抬股價，以便在高檔出脫持股，謊報了營運績效。魯迪從未認罪，但後來該案以私下和解收場。最後他被迫支付三十萬美元以上的罰款。

一度因勤奮與毅力而獲得英雄美譽的人，幾十年後卻抵擋不了迅速致富的誘惑。魯迪的故事顯示，有時我們守住正軌的渴望可能很強，但換了一個領域後，可能迅速墮入歧途。抗拒立即享樂需要時時自我警惕，以下是幫你延遲享樂、避免期待立即見效的對策：

● **專注於目標**。牢記著目標，可幫你撐過想要放棄的時刻。以有創意的方法隨時提醒自己目標是什麼。把目標寫在紙上，掛在牆上，或是設成螢幕保護程式。每天想像達成目標的樣子，可以幫你維持動力。

- **過程中慶祝每個里程碑的達成**。你不必等到目標達成後才慶祝成就，你可以設定短期目標，慶祝每個里程碑的達成。即使只是和家人上館子小小慶祝一下，也有助於肯定過程的進展。
- **擬定計畫以抵抗誘惑**。總是有一些機會讓人難以抵擋立即享樂的誘惑，如果你的目標是減重，甜點可能讓你的減肥計畫破功。如果你想把消費壓在某個預算內，玩樂器具和奢侈品都可能讓你的荷包失血。預先擬定計畫可以幫你抗拒害你偏離軌道、無法成功的誘惑。
- **以健康的方式因應失落和不耐**。有時候你想放棄，質疑自己還要不要堅持下去。但是憤怒、失望、沮喪不表示你就應該放棄。你應該想辦法以健康的方式紓解這些感受，事先預期過程中會出現這些感受。
- **照自己的步調前進**。無論你做什麼，預期立竿見影的效果可能會很快耗盡熱情。以適合自己的步調，按部就班地朝目標邁進。瞭解穩健步調的價值可以培養耐心，確保你持續走在正軌上，而不是急就章。

延遲享樂使你更堅強

詹姆斯・戴森（James Dyson）的成功之路始於一九七九年，當時他覺得家裡的真空吸塵器很難用，開始研發使用離心力、而非集塵袋的吸塵器，來分隔空氣和灰塵。他花了五年，設計一個又一個的原型，多達五千多個，後來才得出滿意的產品。

他設計出滿意的吸塵器後，離成功的終點還有很長的路。他又花了幾年尋找有興趣取得授權生產的製造商。當他發現現有的業者都沒興趣生產他的吸塵器時，他決定自己設廠生產。一九九三年，他的第一台吸塵器上市，這時距離他開始研發吸塵器已經十四年了。不過，他的努力總算獲得了回報，戴森吸塵器在英國成為最暢銷的吸塵器。二〇〇二年，四分之一的英國家庭都有戴森吸塵器。

要是當初戴森期待馬上創業成功，很可能老早就放棄了。他的耐心和毅力確實得到了回報，三十年後，他的吸塵器行銷二十四國，每年營業額逾一百億美元。

充分發揮潛力，需要展現抗拒短期誘惑的意志力；延遲享樂的能力，有助於提升成功的機率。以下是研究顯示有關延遲享樂的效益：

● 自律能力比智商更能預測學業成績。

●自制力高的大學生，自尊較高，學業平均成績較高，比較不會暴飲暴食和酗酒，人際互動技巧比較好。

●愈能延遲享樂的人，比較不會出現憂鬱與焦慮。

●自制力高的孩子，成年後的身心問題較少、濫用藥物或酒精的情況較少、犯罪較少，財務狀況比較穩定。

無論你的目標是為明年度假存夠錢，或是致力把孩子教育成有責任感的大人，你都應該培養務實的預期，別想要迅速看到成效。相反的，長期投入的意願可以提升達到目標的機率。

解惑及常見陷阱

有些生活領域可能比較容易培養務實的預期。例如，你願意重返校園，知道你必須進修多年才能畢業，進而提高收入；或者，你願意投資退休帳戶，讓投資好好地成長三十年。但你可能希望有些生活領域能馬上看到效果。例如，你不想等待你的婚姻得到改善，或者醫生警告你不能吃某些東西，但你不想放棄。注意生活中可以改善的領域，想辦法培養技巧，幫你達成緩慢又穩定的進步。

實用技巧

為目標的達成與難度設立務實的預期。

找出衡量進度的準確方法。

過程中慶祝每個里程碑的達成。

以健康的方式因應負面感受。

擬定計畫幫你抗拒誘惑。
為長期抓好步調。

當心陷阱

預期立竿見影的效果。
情況沒有馬上好轉，就認定無效。
等到最終目標達成才慶祝。
讓失落感和不耐影響你的行為。
自以為有足夠的意志力可以抗拒一切誘惑。
尋找捷徑，投機取巧，迴避必要的努力。

結語　維持心智堅強

光是讀這本書，或是宣告你很堅強，並無法提升心智強度，你還需要把那些幫你充分發揮潛力的技巧融入生活中。就像維持體力需要運動一樣，心智強度也需要持續鍛鍊，永遠都有進步的空間。心智強度一旦疏於維持或強化，就會像肌肉一樣萎縮。

每個人難免都會犯錯，日子不見得天天如意。有時候我們的情緒會凌駕理智，誤信一些不實的想法，做出自毀或無益的行為。但是當你積極提升心智強度時，那些情況發生的頻率會愈來愈低。

好的教練能提供你支持和建議，幫你變得更好，你也可以充當自己的教練。找出你的優點，繼續精進自己。找出你需要改進的地方，挑戰自己變得更好。創造成長的機會，但也要瞭解你永遠無法做到盡善盡美。按照下列的步驟每天精進自己一些：

● **追蹤行為**。注意扯後腿的行為，例如重蹈覆轍、閃避改變，或是第一次失敗就輕言放棄等等。接著，找出對策，改進行為。

● **調節情緒**。注意你自憐自艾、害怕審慎冒險、怨天尤人、害怕獨處、嫉妒他人成就、處處想要迎合他人的時候。別讓這些感受阻礙你充分發揮潛力。切記，想要改變感受，必須先改變想法和行為。

● **評估想法**。評估自己的想法是否適切，需要特別花心思。過度正面或負面的想法，都會影響你的感受和行為，可能干擾你的心智強度。在決定行動之前，先檢視你的想法是否務實，才能做出最佳決策。找出阻礙你的信念和想法，例如鼓勵你放棄主導權，浪費精力在你無法掌控的事物上，沉湎於過去或預期立竿見影的效果。你應該以更務實、有效的想法加以取代。

自我指導

好的健身教練會鼓勵你，走出健身房後維持健康的生活形態。你身為自己的心智教練，也需要營造有利於心智堅強的生活形態。當你疏於照顧自己時，不可能維持心智強度。膳食不佳，睡眠不足，就難以管理情緒，思緒難以清晰，行動也缺乏效率，所以你應該想辦法營造有利於成功的環境。

培養心智強度雖是個人的事，但你不需要獨自進行。缺乏他人的協助，你很難成就最好的自己。需要協助時就開口求助，讓自己的周遭充滿相互扶持的人。有時其他人會提供受用無窮的祕訣和技巧，你可以把那些小撇步套用在自己的生活中。萬一你發現親友無法給你需要的支持，可以尋求專業協助。訓練有素的諮詢師可以協助你改變。

當你的心智日益堅強時，你愈能發現不是每個人都對增強心智那麼感興趣。顯然，你無法逼迫他人改變生活，那是每個人自己的決定。但是，與其抱怨別人不夠堅強，你可以以身作則，做個健康的榜樣。教導孩子如何強化心智，因為他們明顯的無法從外界學到這些技巧。只要你努力做到最好，周遭的人（包括你的孩子）都會注意到你的改變。

努力的成果

勞倫斯．勒苗（Lawrence Lemieux）是加拿大的帆船好手，曾參加兩屆奧運比賽。他從小開始揚帆，一九七〇年代愛上了單人揚帆比賽。他努力精進技巧，開始四處征戰。一九八八年，他參加首爾的奧運會，很有希望為國爭光。

比賽當天，賽況惡劣。狂風大作，洋流迅速，捲起了異常大的浪潮。儘管挑戰極大，勒苗還是領先了多數選手。不過，八呎高的大浪讓人看不到圍著賽場的螢光浮標，使他錯過了其中一個標誌。他被迫回頭找到那個浮標，才又繼續前進。即使這樣來回一趟減緩了速度，他還是設法維持在第二的位置，仍有機會奪得金牌。

不過，當他繼續向前挺進時，他發現新加坡的雙人組翻船了，其中一人受了重傷，抱著船體，另一人漂離了船身。勒苗眼看當時的海況，知道大海很可能在救生艇抵達前就捲走那個人。儘管勒苗為了奪冠已經訓練了數十年，他當下馬上放棄比賽，毫不遲疑地掉頭去拯救新加坡的帆船手，陪他們一起等候韓國船隊把他們救上船。

接著，勒苗繼續未完的航程，但已經無法贏得獎牌，名次下滑至第二十二位。在頒獎典禮上，國際奧委會主席頒發古柏坦運動精神獎牌[1]給勒苗，以獎勵他的自我犧牲及過人勇氣。

勒苗顯然不覺得他的自我價值是由金牌決定的，他不認為這個世界或奧運會虧欠他什麼。他有足夠的心智強度，能按照自己的價值觀，去做他認為正確的事，即使那意味著他無法達到個人的原始目標。

培養心智強度不表示你必須在各方面都做到最好，也不表示你必須賺最多錢，或達到最大的成就。心智堅強是指不管發生什麼事，你都能安然應付。無論是面對個人難關、財務危機，或家庭悲劇，當你心智堅強時，你都做了最好的準備。無論人生出現任何波濤，你不僅可以面對現實狀況，也可以按照個人的價值觀生活。

當你心智堅強時，那也是你最好的狀態，你有勇氣做正確的事，安然面對自我及能力所及。

譯註：

1 古柏坦（Pierre de Coubertin, 1863-1937）：法國教育學家、現代奧運的催生者，有「現代奧運之父」之稱。

謝辭

本書的撰寫承蒙多人的協助。

我想先感謝雪柔・施內普・康納（Cheryl Snapp Conner），她熱情地分享我的文章，幫我傳播心智堅強的重要。經紀人史黛西・葛立克（Stacey Glick）可能就是受到那些文章的吸引而找上我。史黛西從一開始就對這本書充滿信心，我非常感謝她在每一個過程中提供的協助。

我也要感謝我的編輯艾美・班黛爾（Amy Bendell）及助理編輯佩吉・哈珊（Paige Hazzan）的睿智意見及寫作建議。

我也很感謝以下幾位朋友大方接受我的訪問，分享他們的個人經歷：艾麗希雅・希瑞奧（Alicia Theriault）、希瑟・馮・聖詹姆斯、瑪麗・黛敏、摩斯・金格里奇、彼得・

布克曼、琳賽・特納。

我還要感謝支持我的親朋好友，尤其是我一輩子的好友梅利莎・辛（Melissa Shim）、艾莉森・桑德斯（Alyson Saunders）、艾蜜莉・莫里森（Emily Morrison），他們都鼓勵我說出自己的故事。此外，也非常感謝莫里森的寫作建議及編輯協助。謝謝健取網絡（Health Access Network）的同事對我寫作的支持。

感謝我先生史蒂芬・海斯提（Stephen Hasty）為了讓這本書出版所做的一切，他是我認識最有耐心的人。最後，感謝我的父母理查與辛蒂・亨特（Richard & Cindy Hunt），姐姐金柏利・浩斯（Kimberly House），以及所有過去與現在激勵我變得更好的榜樣。

參考書目

1 不浪費時間自憐自艾

Denton, Jeremiah. *When Hell Was in Session*. Washington, DC: WND Books, 2009.
Emmons, Robert, and Michael McCullough. "Counting Blessings Versus Burdens: An Experimental Investigation of Gratitude and Subjective Well-Being in Daily Life." *Journal of Personality and Social Psychology* 84, no. 2 (2003): 377–389.
Milanovic, Branko. *The Have and the Have-Nots: A Brief and Idiosyncrative History of Global Inequality*. New York, NY: Basic Books, 2012.
Runyan, Marla. *No Finish Line: My Life as I See It*. New York, NY: Berkley, 2002.
Stober, J. "Self-pity: Exploring the Links to Personality, Control Beliefs, and Anger." *Journal of Personality* 71 (2003): 183–221.
United Nations Development Programme (2013). *Human Development Report 2013*. New York, NY.

2 不放棄主導權

Arnold, Johann Christoph. *Why Forgive?* Walden, NY: Plough Publishing House, 2014.
Carson, J., F. Keefe, V. Goli, A. Fras, T. Lynch, S. Thorp, and J. Buechler. "Forgiveness and Chronic Low Back Pain: A Preliminary Study Examining the Relationship of Forgiveness to Pain, Anger, and Psychological Distress." *Journal of Pain*, no. 6 (2005): 84–91.
Kelley, Kitty. *Oprah: A Biography*. New York, NY: Three Rivers Press, 2011.
Lawler, K. A., J. W. Younger, R. L. Piferi, E. Billington, R. Jobe, K. Edmondson, et al. "A Change of Heart: Cardiovascular Correlates of Forgiveness in Response to Interpersonal Conflict." *Journal of Behavioral Medicine*, no. 26 (2003): 373–393.
Moss, Corey. "Letter Saying Madonna 'Not Ready' for Superstardom for Sale." MTV. July 17, 2001. http://www.mtv.com/news/1445215/letter-saying-madonna-not-ready-for-superstardom-for-sale/.
Ng, David. "MoMA Owns Up to Warhol Rejection Letter from 1956." *LA Times*. October 29, 2009. http://latimesblogs.latimes.com/culturemonster/2009/10/moma-owns-up-to-warhol-rejection-letter-from-1956.html.
Toussaint, L. L., A. D. Owen, and A. Cheadle. "Forgive to Live: Forgiveness, Health, and Longevity." *Journal of Behavioral Medicine* 35, no. 4 (2012): 375–386.

3 不怕改變

Lally, P., C.H.M. van Jaarsveld, H.W.W. Potts, and J. Wardle. "How Are Habits Formed: Modelling Habit Formation in the Real World." *European Journal of Social Psychology*, no. 40 (2010): 998–1009.
Mathis, Greg, and Blair S. Walker. *Inner City Miracle*. New York, NY: Ballantine, 2002.
Prochaska, J. O., C. C. DiClemente, and J. C. Norcross. "In Search of How People Change: Applications to Addictive Behaviors." *American Psychologist*, no. 47 (1992): 1102–1114.

4 不在意無法掌控的事情

April, K., B. Dharani, and B.K.G. Peters. "Leader Career Success and Locus of Control Expectancy." *Academy of Taiwan Business Management Review* 7, no. 3 (2011): 28–40.
April, K., B. Dharani, and B.K.G. Peters. "Impact of Locus of Control Expectancy on Level of Well-Being." *Review of European Studies* 4, no. 2 (2012): 124–137.
Krause, Neal, and Sheldon Stryker. "Stress and Well-Being: The Buffering Role of Locus of Control Beliefs." *Social Science and Medicine* 18, no. 9 (1984): 783–790.
Scrivener, Leslie. *Terry Fox: His Story*. Toronto: McClelland and Stewart, 2000.
Stocks, A., K. A. April, and N. Lynton. "Locus of Control and Subjective Well-Being: A Cross-Cultural Study in China and Southern Africa." *Problems and Perspectives in Management* 10, no. 1 (2012): 17–25.

5 不會想要處處迎合他人

Exline, J. J., A. L. Zell, E. Bratslavsky, M. Hamilton, and A. Swenson. "People-Pleasing Through Eating: Sociotropy Predicts Greater Eating in Response to Perceived Social Pressure." *Journal of Social and Clinical Psychology*, no. 31 (2012): 169–193.
"Jim Buckmaster." Craigslist. August 12, 2014. http://www.craigslist.org/about/jim_buckmaster.
Muraven, M., M. Gagne, and H. Rosman. "Helpful Self-Control: Autonomy Support, Vitality, and Depletion." *Journal of Experimental Social Psychology*, no. 44 (2008): 573–585.
Ware, Bronnie. *The Top Five Regrets of the Dying: A Life Transformed by the Dearly Departing*. Carlsbad, CA: Hay House, 2012.

6 不怕審慎冒險

"Albert Ellis and Rational Emotive Behavior Therapy." REBT Network. May 16, 2014. http://www.rebtnetwork.org/ask/may06.html.
Branson, Richard. "Richard Branson on Taking Risks." *Entrepreneur*. June 10, 2013. http://www.entrepreneur.com/article/226942.
Harris, A.J.L, and U. Hahn. "Unrealistic Optimism About Future Life Events: A Cautionary Note." *Psychological Review*, no. 118 (2011): 135–154.
Kasperson, R., O. Renn, P. Slovic, H. Brown, and J. Emel. "Social Amplification of Risk: A Conceptual Framework." *Risk Analysis* 8, no. 2 (1988): 177–187.
Kramer, T., and L. Block. "Conscious and Non-Conscious Components of Superstitious Beliefs in Judgment and Decision Making." *Journal of Consumer Research*, no. 34 (2008): 783–793.
"Newborns Exposed to Dirt, Dander and Germs May Have Lower Allergy and Asthma Risk." *Johns Hopkins Medicine*, September 25, 2014. http://www. hopkinsmedicine.org/news/media/releases/newborns_exposed_to_dirt_dander_and_germs_may_have_lower_allergy_and_asthma_risk.
Rastorfer, Darl. *Six Bridges: The Legacy of Othmar H. Ammann*. New Haven, CT: Yale University Press, 2000.
Ropeik, David. "How Risky is Flying?" PBS. October 17, 2006. http://www. pbs.org/wgbh/nova/space/how-risky-is-flying.html.
Thompson, Suzanne C. "Illusions of Control: How We Overestimate Our Personal Influence." *Current Directions in Psychological Science*, no. 6 (1999): 187–190.
Thompson, Suzanne C., Wade Armstrong, and Craig Thomas. "Illusions of Control, Underestimations, and Accuracy: A Control Heuristic Explanation." *Psychological Bulletin* 123, no. 2 (1998): 143–161.

Trimpop, R. M. *The Psychology of Risk Taking Behavior (Advances in Psychology)*.Amsterdam: North Holland, 1994.
Yip, J. A., and S. Cote. "The Emotionally Intelligent Decision Maker: Emotion-Understanding Ability Reduces the Effect of Incidental Anxiety on Risk Taking." *Psychological Science*, no. 24 (2013): 48–55.

7 不沉湎於過往

Birkin, Andrew. *J. M. Barrie and the Lost Boys: The Real Story Behind Peter Pan*. Hartford, CT: Yale University Press, 2003.
Brown, Allie. "From Sex Abuse Victim to Legal Advocate." CNN. January 7, 2010. http://www.cnn.com/2010/LIVING/01/07/cnnheroes.ward/.
Denkova, E., S. Dolcos, and F. Dolcos. "Neural Correlates of 'Distracting' from Emotion During Autobiographical Recollection." *Social Cognitive and Affective Neuroscience* 9, no. 4. (2014): doi: 10.1093/scan/nsu039.
"Dwelling on Stressful Events Can Cause Inflammation in the Body, Study Finds." Ohio University. March 13, 2013. http://www.ohio.edu/research/communications/zoccola.cfm.
Kinderman, P., M. Schwannauer, E. Pontin, and S. Tai. "Psychological Processes Mediate the Impact of Familial Risk, Social Circumstances and Life Events on Mental Health." *PLoS ONE* 8, no. 10 (2013): e76564.
Watkins, E. R. "Constructive and Unconstructive Repetitive Thought." *Psychological Bulletin* 134, no. 2 (2008): 163–206.

8 不重蹈覆轍

Ariely, D., and K. Wertenbroch. "Procrastination, Deadlines, and Performance: Self-Control by Precommitment." *Psychological Science* 13, no. 3 (2002): 219–224.
D'Antonio, Michael. *Hershey: Milton S. Hershey's Extraordinary Life of Wealth, Empire, and Utopian Dreams*. New York, NY: Simon and Schuster, 2006.
Grippo, Robert. *Macy's: The Store, The Star, The Story*. Garden City Park, NY: Square One Publishers, 2008.
Hassin, Ran, Kevin Ochsner, and Yaacov Trope. *Self Control in Society, Mind, and Brain*. New York, NY: Oxford University Press, 2010.
Hays, M. J., N. Kornell, and R. A. Bjork. "When and Why a Failed Test Potentiates the Effectiveness of Subsequent Study." *Journal of Experimental Psychology: Learning, Memory, and Cognition* 39, no.1 (2012): 290–296.
Moser, Jason, Hans Schroder, Carrie Heeter, Tim Moran, and Yu-Hao Lee. "Mind Your Errors. Evidence for a Neural Mechanism Linking Growth Mind-Set to Adaptive Posterror Adjustments." *Psychological Science* 22, no. 12 (2011): 1484–89.
Trope, Yaacov, and Ayelet Fishbach. "Counteractive Self-Control in Overcoming Temptation." *Journal of Personality and Social Psychology* 79, no. 4 (2000): 493–506.

9 不嫉妒他人成就

Bernstein, Ross. *America's Coach: Life Lessons and Wisdom for Gold Medal Success: A Biographical Journey of the Late Hockey Icon Herb Brooks*. Eagan, MN: Bernstein Books, 2006.
Chou, H.T.G., and N. Edge. "They Are Happier and Having Better Lives than I Am: The Impact of Using Facebook on Perceptions of Others' Lives." *Cyberpsychology, Behavior, and Social Networking* 15, no. 2 (2012): 117.
Cikara, Mina, and Susan Fiske. "Their Pain, Our Pleasure: Stereotype Content and Shadenfreude." *Sociability, Responsibility, and Criminality: From Lab to Law* 1299 (2013): 52–59.

"Hershey's Story." The Hershey Company. June 2, 2014. http://www.thehersheycompany.com/about-hershey/our-story/hersheys-history.aspx.
Krasnova, H., H. Wenninger, T. Widjaja, and P. Buxmann. (2013) "Envy on Facebook: A Hidden Threat to Users' Life Satisfaction?" 11th International Conference on Wirtschaftsinformatik (WI), Leipzig, Germany.
"Reese's Peanut Butter Cups." *Hershey Community Archives*. June 2, 2014. http://www.hersheyarchives.org/essay/details.aspx?EssayId=29.

10 不輕言放棄

Barrier, Michael. *The Animated Man: A Life of Walt Disney*. Oakland, CA: University of California Press, 2008.
Breines, Juliana, and Serena Chen. "Self-Compassion Increases Self-Improvement Motivation." *Personality and Social Psychology Bulletin* 38, no. 9 (2012): 1133–1143.
Dweck, C. "Self-Theories: Their Role in Motivation, Personality and Development." Philadelphia, PA: Psychology Press, 2000.
Mueller, Claudia, and Carol Dweck. "Praise for Intelligence Can Undermine Children's Motivation and Performance." *Journal of Personality and Social Psychology* 75, no. 1 (1998): 33–52.
Pease, Donald. *Theodor SUESS Geisel (Lives and Legacies Series)*. New York, NY: Oxford University Press, 2010.
Rolt-Wheeler, Francis. *Thomas Alva Edison*. Ulan Press, 2012.
"Wally Amos." Bio. June 1, 2014. http://www.biography.com/people/wally-amos-9542382#awesm=~oHt3n9O15sGvOD.

11 不怕獨處

Doane, L. D., and E. K. Adam. "Loneliness and Cortisol: Momentary, Day-to-Day, and Trait Associations." *Psychoneuroendocrinology* 35, no. 3 (2010): 430–441.
Dugosh, K. L., P. B. Paulus, E. J. Roland, et al. Department of Psychology, University of Texas at Arlington. "Cognitive Stimulation in Brainstorming." *Journal of Personality and Social Psychology* 79, no. 5 (2000): 722–35.
Harris, Dan. *10% Happier: How I Tamed the Voice in My Head, Reduced Stress Without Losing My Edge and Found Self-Help That Actually Works—A True Story*. New York, NY: It Books, 2014.
Hof, Wim, and Justin Rosales. *Becoming the Iceman*. Minneapolis, MN: Mill City Press, 2011.
Kabat-Zinn, Jon, and Thich Nhat Hanh. *Full Catastrophe Living (Revised Edition): Using the Wisdom of Your Body and Mind to Face Stress, Pain, and Illness*. New York, NY: Bantam, 2013.
Larson, R. W. "The Emergence of Solitude as a Constructive Domain of Experience in Early Adolescence." *Child Development*, no 68 (1997): 80–93.
Long, C. R., and J. R. Averill. "Solitude: An Exploration of the Benefits of Being Alone." *Journal for the Theory of Social Behaviour*, no. 33 (2003):21–44.
Manalastas, Eric. "The Exercise to Teach the Psychological Benefits of Solitude: The Date with the Self." *Philippine Journal of Psychology* 44, no. 1 (2010): 94–106.

12 不怨天尤人

Cross, P. "Not Can but Will College Teachers Be Improved?" *New Directions for Higher Education*, no. 17 (1977): 1–15.
Smith, Maureen Margaret. *Wilma Rudolph: A Biography*. Westport, CT: Greenwood, 2006.

Twenge, Jean. *Generation Me: Why Today's Young Americans Are More Confident, Assertive, Entitled—and More Miserable Than Ever Before*. New York, NY: Atria Books, 2014.
Twenge, Jean, and Keith Campbell. *The Narcissism Epidemic: Living in the Age of Entitlement*. New York, NY: Atria Books, 2009.
Zuckerma, Esra W., and John T. Jost. "It's Academic." *Stanford GSB Reporter*(April 24, 2000): 14–15.

13 不求立竿見影

Duckworth, A., and M. Seligman. "Self-Discipline Outdoes IQ in Predicting Academic Performance in Adolescents." *Psychological Science*, no. 16 (2005): 939–944.
Dyson, James. *Against the Odds: An Autobiography*. New York, NY: Texere, 2000.
Goldbeck, R., P. Myatt, and T. Aitchison. "End-of-Treatment Self-Efficacy: A Predictor of Abstinence." *Addiction*, no. 92 (1997): 313–324.
Marlatt, G. A., and B. E. Kaplan. "Self-Initiated Attempts to Change Behavior: A Study of New Year's Resolutions." *Psychological Reports*, no. 30 (1972): 123–131.
Moffitt, T., et al. "A Gradient of Childhood Self-Control Predicts Health, Wealth, and Public Safety." *Proceedings of the National Academy of Sciences,* 108 (2011): 2693–2698.
Mojtabai, R. "Clinician-Identified Depression in Community Settings: Concordance with Structured-Interview Diagnoses." *Psychotherapy and Psychosomatics* 82, no. 3 (2013): 161–169.
Norcross, J. C., A. C. Ratzin, and D. Payne. "Ringing in the New Year: The Change Processes and Reported Outcomes of Resolutions." *Addictive Behaviors*, no. 14 (1989): 205–212.
Polivy, J., and C. P. Herman. "If at First You Don't Succeed. False Hopes of Self-Change." *The American Psychologist* 57, no. 9 (2002): 677–689.
"Ramesh Sitaraman's Research Shows How Poor Online Video Quality Impacts Viewers." UMassAmherst. February 4, 2013. https://www.cs.umass.edu/news/latest-news/research-online-videos.
Ruettiger, Rudy, and Mark Dagostino. *Rudy: My Story*. Nashville, TN: Thomas Nelson, 2012.
Tangney, J., R. Baumeister, and A. L. Boone. "High Self-Control Predicts Good Adjustment, Less Pathology, Better Grades, and Interpersonal Success." *Journal of Personality*, no. 72 (2004): 271–324.
"2014 Retirement Confidence Survey." *EBRI*. March 2014. http://www.ebri.org/pdf/briefspdf/EBRI_IB_397_Mar14.RCS.pdf.
Vardi, Nathan. "Rudy Ruettiger: I Shouldn't Have Been Chasing the Money." *Forbes*. June 11, 2012. http://www.forbes.com/sites/nathanvardi/2012/06/11/rudy-ruettiger-i-shouldnt-have-been-chasing-the- money/.

13 Things Mentally Strong People Don't Do

強者不做的13件事　分享卡

1. They Don't Waste Time Feeling Sorry for Themselves

不浪費時間自憐自艾

2. They Don't Give Away Their Power

不放棄主導權

3. They Don't Shy Away from Change

不怕改變

4. They Don't Focus on Things They Can't Control

不在意無法掌控的事情

5. They Don't Worry About Pleasing Everyone

不會想要處處迎合他人

6. They Don't Fear Taking Calculated Risks

不怕審慎冒險

7. They Don't Dwell on the Past

不沉湎於過往

8. They Don't Make the Same Mistakes Over and Over

不重蹈覆轍

9. They Don't Resent Other People's Success

不嫉妒他人成就

10. They Don't Give Up After the First Failure

不輕言放棄

11. They Don't Fear Alone Time

不怕獨處

12. They Don't Feel the World Owes Them Anything

不怨天尤人

13. They Don't Expect Immediate Results

不求立竿見影

務實檢討，以免誇大現況有多糟／積極解決問題，改善情況／即使興致索然，仍要想辦法動起來，從事比較不會讓你陷入自憐的活動／每天練習感恩。

遊戲規則
當你成功扔掉1個壞習慣後，請把那張小卡片剪下來，然後分享給親朋好友，讓你和你關心的人都能鍛鍊成不懼任何難題的心智強者。

為目標的設定與達成，設定務實的時間表／預期可能會干擾進度的障礙／評估改變及維持原狀各有什麼優缺點／以明確的步驟每次鎖定一項小改變。

言談中顯示你是有選擇的，例如說：「我決定……」／在你和他人之間設定健康的情緒界限及實體界限／對你自己選擇運用時間和精力的方式負起全責／不要直接跳到結論，而是願意檢視意見和批評／

找出你的價值觀，照著那些價值觀運作／決定是否答應他人的請求以前，先注意自己的情緒／練習忍受因提出異議或質疑而感到的不安／即使直言不諱可能不討喜，還是要堅定立場。

把任務與責任授權給他人處理／必要時尋求協助／專注解決你能掌控的問題／想辦法影響他人，而不是掌控他人。

反省過去時，只要做到記取教訓就好了／積極療傷止痛，以便把焦點轉到現在，規劃未來／思考負面事件時，思考事件發生時的事實，而不是情緒／想辦法與過去和解。

注意冒險的情緒反應／找出影響決策的不理性想法／主動探索事實真相／決策前先花點時間估算每種風險。

自己定義成功／為他人的成就喝采／專注於你的優點／追求合作，而不是跟每個人競爭。

承認你對每個錯誤都有責任／寫一份書面計畫，以避免重複同樣的錯誤／找出讓老毛病死灰復燃的觸發點和警訊／實踐自律策略。

每個月至少安排一天「獨處日」／學習如何冥想以安撫大腦／修習正念技巧，一次專注一項工作／寫日誌來整理情緒。

把失敗視為學習的機會／正面迎擊對失敗的恐懼／規劃新計畫以增加成功的機率／找出對失敗的不理性想法，以務實的想法加以取代。

為目標的達成與難度設立務實的預期／找出衡量進度的準確方法／過程中慶祝每個里程碑的達成／以健康的方式因應負面感受。

培養適度的自信／專注施與，而非獲得／回饋給需要幫助的人／想想他人的感受。